野球界初！選手育成術を
ビジネスで活用した
プロコーチの人材育成方法！

答えは相手の中にある

元北海道日本ハムファイターズ
ヘッドコーチ
白井一幸＝著

ACHIEVEMENT

はじめに

私たちが日常生活や仕事、社会活動をおこなううえでもっとも大きな力を生み出し、またもっとも大きなストレスを生み出すものは人間関係にあると言われています。

よりよい人間関係、信頼関係を築くためにはどうすればいいのか？

まずは自分自身との信頼関係を築くことが大切です。つまり、自分に正直であり、自分自身を好きになること、愛することです。

人は完璧ではありません。努力しても、うまくいかないことは数多くあります。そのときにいちばん傷つき、ショックを受けているのは自分自身です。

だから、結果を結果として受け入れ、全力を尽くしたことを承認し、「わたしは必ずできる！」と自らを励ます。

そして、めざすところにどうやったら行けるのかを考え、前を向いて行動していけば、必ず目標を達成できます。

すなわち、人や組織がうまくいくため、めざすところへ到達するためには、信頼関係の構築に焦点を合わせていけばよいのです。

マネジメントにおいて、コミュニケーションにおいて、皆さんはすでに答えをもっています。

人は、ほんとうにそうなりたいと思えば、そうなれるように考え、行動します。その想い、願望が強ければ強いほど、考えも行動もめざすものに対してより具体的になり、より効果的なものになります。

皆さんはどうなりたいですか？

目の前の人がうまくいっていないときに、傷つき、ショックを受けているその人を受容し、励まし、相手がめざすところに導けるような関わりをしたいですか？　自分自身に関わったように、相手に正直であり、相手を承認し、信頼関係を築けるような指導をしたいですか？

信頼の構築をめざして、目の前の人に関われば、その人間関係はどうなるでしょう？相手は自ら考え、自ら答えを出し、自ら行動し始めます。そのエネルギーは計り知れません。

本書を手に取った皆さんは、他人との人間関係において、何か課題を抱えていることでしょう。自分自身にも、目の前の人にも、うまくいかないときこそが、関係性を構築する最大のチャンス。そう捉える自分自身への関わり方が人への関わり方になります。

わたしの中に答えがあるように、皆さんの中にもすべての答えがあります。それに気づくきっかけとして、読み進めていただければさいわいです。

CONTENTS

第3章 人を育てる3つの育成方法

第4章 指導者として必要なのは心構え

第5章 考えて動く部下になる伝え方

第 1 章

あなたの組織では、なぜ人が育たないのか？

「やらされている」部下、「してあげている」上司

今、多くの指導者、部下をもつ上司、管理職が迷っています。

「部下が言われたことしかやらない」
「何度伝えても同じ簡単なミスを繰り返す」
「すぐにパワハラ、モラハラと騒ぎ立てる」

「組織の中で働かされている」「働いてあげている」という感覚は、大なり小なり誰もがもっているものです。多くの人がやらされているというスタンスからどうしても抜け出せません。

そういう人たちに、指導者はどんな関わりができるでしょうか？

わたしは北海道日本ハムファイターズの2軍監督時代に、選手たちにこう伝えていました。

「われわれは、自己実現のために、組織やチームからチャンスをいただいている立場なんだ」

ここに最初に気づけば、選手たちの行動が変わります。やらされていると思ってするのと、自分が「こういう選手になりたい」「チームでこういう成績を残したい」「勝ちたい」と思ってするのとでは、同じ練習でも成果は180度異なります。

チームから夢を叶えるための環境を用意していただいている。それをどうやって最大限に活かしていくのかをわたしは選手に伝えています。

企業でも同じです。上司も往々にして部下のためにやってあげている、育ててあげているというスタンスをとっています。

「お前のために言ってあげている」というのは、部下が「働いてあげている」と考えるのと同じです。**上司は「言ってあげている」、部下は「言われたことをしてあげている」。両者がこう解釈しているかぎり、エネルギーは生まれません。**

なんのために上司がいるのでしょうか?

多くの人は、どうしても「上司かくあるべき」という考え方に囚われてしまい、「〇〇しなさい」という指示命令型の指導をしてしまいます。

上司のゴールは、部下を育て、組織的な成果を上げることです。そのためには、何をすべきなのでしょうか?

指示命令型を量産する日本の教育構造

上司が「育ててあげているんだ」という考え方をもっている。

それを感じた部下は「やらされている」という考え方をもってしまう。

上司も部下も、抱えている課題は同じです。


なぜこのような関係ができあがってしまうのでしょうか？


小学校低学年のころ、放課後に友だち同士で集まって草野球を始めるとき「負けたらどうしよう」「失敗したらどうしよう」と考えている子はいません。

「よおし、今日は絶対勝つぞ！」

頭の中にはこれしかないはずです。絶対勝とうと思って一所懸命やって、負けたら悔しいから、次こそは勝ってやろうと思う。勝ったらうれしいから、よし次も勝とうと思う。すべてからプラスのエネルギーが生まれています。


ところが小学校高学年になり、中学校に入り、だんだん監督やコーチがいるクラブ活動になっていくと状況は変わってきます。

負けると「なんで言ったとおりにプレーしないんだ」「お前らの練習が足りないから

だ」と、ペナルティの練習を科せられる。これが繰り返されるなかで、だんだん失敗しないように、ミスしないようにプレーするようになります。

本来は負けて悔しいからする練習、勝ったらもっと勝ちたいからする練習が、すべてペナルティとしてやらされるものになっていきます。長年の日本の学校教育、家庭教育、クラブ活動はずっとこうした指導です。

「勝つ」という同じ場所をめざしているのに、監督・コーチがいて、怒られる人がいて、管理する人が出てきたら、勝って成功して当たり前。負けて失敗すると怒られる、練習をやらされるという形になっていきます。

子どもたちの「もっと勝ちたい」「絶対勝ちたい」という気持ちを育ててあげるのが指導者の仕事です。

だから、勝ったときは選手以上に喜んで、称賛して「ああ、コーチも監督もこんなに喜んでくれるんだったら、もっと喜ばせてあげよう」という存在になればいいわけです。

負けたときは、「こんな悔しい思いは二度とさせたくないから、どうやったら勝てるかみんなで考えてみよう。どういう練習をしたら勝てると思う？」と問いかければ、子どもたちは自分で考えるようになります。

残念ながら、こうした指導環境はほとんどありません。なぜなら指導者自身も、指示命令型の指導で育ってきたからです。

上の立場の人が指示・命令・恫喝で物事を進める、というのが当たり前。もちろん、そのなかでも、自分がどうなりたいかを考えて、何かを成し遂げて歴史に名を残す人も出ていました。

環境が悪いのではなく、環境の中で自分の願望実現に忠実に生きられるかどうかが問われています。

トップ選手ほどコーチの指導に「はい」と言いながら、自分に必要ないと判断したら聞いていません。反対に後輩選手の言うことが効果的だと思ったら、素直に取り入れる柔軟性をもっています。昔から伸びていく選手は、周りがどうであれ、自分がなりたい姿になるために行動しているのです。

指導者、あるいは上司は、部下が伸びないような関わりをたくさんしています。そのなかでも伸びる人たちが先に述べたとおりであることを考えれば、**本人の願望を明確にして、それを叶える支援をするのが指導者の役割**ということになります。

そこに指示や命令は必要ありません。

指示命令型の指導には限界がある

多くの指導者は選手の体を動かそうとする指導をします。怒って脅してやらせるというのが典型です。体罰もそうです。目の前で走ってほしいから、「走れ！」と言うよりも、殴って走らせたほうが早いわけです。

でも、選手が暴力に慣れてきたら、もっとひどい暴力が必要になります。そのようなことがはほんとうに長続きするでしょうか。

アメとムチは効果がなくなってきます。アメをもらうと動かなくなるので、ムチを使います。だんだんもっと大きなアメが欲しくなります。比例してもっと大きなムチがいります。限界は必ずあります。体罰はする側も疲れます。される側も疲れます。人間関係なんてまったくよくなりません。

しかし、「どうなりたいんだ？」と、願望を明確にして、絶対そうなりたいというやる気を、心を動かす指導をしていけば、選手の体は勝手に動きます。

もっとよくなりたい。成長したい。必ずこういう選手になりたい。そこには限界なんてありません。

指導者も部下も自発的だから、ものすごく大きなエネルギーをもちます。もっとよくなりたいと思います。楽しくて仕方がないという状況です。疲弊なんかしません。人間関係は必ずよくなります。

指示命令はエネルギーレベルが低いのです。たとえば組織の中で上司3人がそれぞれ5人ずつ部下をもっているとします。

3人の上司の指示命令ですべてを動かそうとすればアイデアは3つです。ところが、部下が主体的に自律的に動いて1人1つずつ、上司を入れると6つ、それが集まって18のアイデアを持ち寄ったほうが、組織としてより大きな成果・結果につながるわけです。

組織には理念があります。組織として人材を育成するとは、一人ひとりが会社の目的を理解し、会社の目標を自分の目標として捉えて、できることを考えて動けるようにすることです。**大事なのは組織の目的・目標の価値共有です。**

なぜやらされ感が出てくるかというと、組織の目標を自分の目標とできていないからです。やらされている会社、働かされている会社の目標だから、自分たちの目標ではないのです。

社員にはそれぞれ夢があります。将来起業したい、家を建てたい、子どもにしっかり教育を受けさせたい……。自己実現したいことが山ほどあります。

では、組織の目標とあなたの目標、どちらが重要ですか？

もちろん、会社の目標も達成できたらいいなとは思っているでしょう。しかし、圧倒的多数の社員は自分の目標を重要視しています。

将来起業する、家を建てる、子どもに満足な教育を受けさせるためにはお金がかかります。そのお金をいただくのは、その人が働いている組織からです。

本来は、自己実現、自分の目標を達成するために、会社組織に所属させていただいているわけです。だから、会社の中で誰よりも一所懸命に働くことが、自分の目標達成に近づくことになります。

会社の目標と自分の目標は、極めてリンクしています。仕事に身を入れて働いた結果、あなたのポジションはどうなるでしょう？　評価はどうなるでしょう？　同僚にどういう影響を与えることができるでしょう？　会社にとってどんなプラスの影響があるでしょう？

会社組織にいるかぎり、**会社の目標を自分の目標としたほうが大きなエネルギーを**

出せるのです。

働くときにやらされていると思うのか、自己実現のチャンスをいただいていると思うのか。同じ会社で、同じ日数、同じ時間働くのであれば、あなたはどういう働き方をしますか？

プロ野球界で前代未聞のコーチングが日本一のチームをつくった

「おれの言うとおりにプレーしないと試合に出さないぞ」

「何回言っても聞かないんだったら殴るぞ、クビにするぞ」

こうしたアプローチが今までのプロ野球界の常識でした。球界のみならず、昔から、企業の中でも似た例はたくさんあったわけです。

こうした関わりはモラハラ・パワハラとさまざまな呼び名がつけられて、今のように、売り手市場になっていくと、「じゃ、もう辞めます」と、辞めていく部下が多く、上司も頭を抱えてしまうわけです。

よく考えてみると、「こういう練習をしなさい」と言われたとおりに選手が練習をして、試合で打てなかったとしたら、選手自身のキャリアに傷がつきます。その責任はコーチには取れないのです。

ですから、しんどい練習をチームからやらされているのではなく、自分のやりたい野球のためにしている、それを選んでいるのは選手自身だということ。そして、わたしが何を伝えようが、選手がほんとうになりたい選手になるために何が大切なのか、選手自身が取捨選択できるようになることを考えて、わたしは選手たちに関わり続けました。

ゴールは選手の願望です。指導者はあくまでもアドバイザーであり、支援者であり、応援者でしかありません。

選手が言うことを聞かなければ、指導者としての能力が足りないのです。取捨選択する権利は選手の側にあります。その責任を最後に背負うのは選手自身ですから。

こうしたわたしの指導は、各方面から大きな批判を浴びました。しかし、６年後にファイターズが日本一になり、常勝チームになってきたら、真似する指導者やチームが増えてきました。

選手がゴールに到達するために支援していくのが、指導者の仕事です。

「お前はそんなもんじゃないよ。もっとできるやつだよ。自分が思っている以上に本物の選手になれるんだよ」

選手に聞く耳をもってもらうために、指導者は、「この練習でどういう成果・結果が出るのか」を見える化して説明していきました。

前著『北海道日本ハムファイターズ流　一流の組織であり続ける3つの原則』でもご紹介したとおり、ボテボテのピッチャーゴロでもファイターズの選手はファーストまで全力疾走します。

なぜなら、対戦相手の選手にプレッシャーがかかり、捕球し損ねるかもしれない、送球が乱れるかもしれないからです。そのプレーにチームの勝利に貢献したいという意思が感じられて、チームメイトを鼓舞し、信頼を得ることにもつながるからです。どんなに大敗しても「最後まであきらめずにプレーするのがファイターズの選手だ」とファンの人たちに認知してもらうことで感動を与えられるからです。

ファーストまで全力で走るという行動は、価値がありますか？　ありませんか？

これは本質的には「あなたは試合に出たいですか？」「チームの勝利に貢献したいですか？」というのと同じ質問です。

選ぶのは選手自身。具体的な行動を選択する質問の積み重ねがあるからこそ、「全力プレー」というチームの目的を、選手は自分の目的にできるのです。

第 2 章

人づくりの前にまず組織づくりから

ハイパフォーマンスチームの条件とは？（GRIP）

第1章では、「組織の目標」を「自分の目標」にすることで、組織としてより大きな成果、結果につながることをお伝えしました。

本章では、そのような組織をつくるためにはどうすればいいのかをご紹介します。

チームの目標を自分の目標として一人ひとりが取り組むことで、チームとしての成果が出る。これは「**GRIP**」というモデルで説明できます。

「GRIP」とは、「Goals」「Roles」「Interpersonal Relationship」「Process」のそれぞれの頭文字を指します。この4要素が揃うことで、ハイパフォーマンスを上げるチームづくりが可能です。

それぞれについて、詳しく見ていきましょう。

まずはじめにチームづくりとしておこなうのが「**Goals**」、つまり目標の共有です。チームの目標を、チームのすべての人が自分の目標にすることです。

その目標達成のために、「**Roles**」、つまり一人ひとりに与えられた役割や責任を全員が全うしていきます。

チームは人の集合体です。役割と責任を果たしていない人がいたとき、見て見ぬふりをするのか。組織の目標・ゴールに焦点を合わせて個人の好き嫌いではなく、組織の一員として毅然とした態度で関わるのか。これが「**Interpersonal Relationship**」、つまり人間関係です。

スポーツの世界における目標は勝利です。成功・不成功というのは行動の結果です。だから結果だけをめざして、やみくもに行動するのではなく、結果を出すためにやるべきことは何か？　「**Process**」で、勝ちにつながる行動目標をしっかりと立てて進捗を管理します。

ハイパフォーマンスチームに共通するのは、このＧＲＩＰの４項目が満たされていることです。そして、パフォーマンスを発揮するのは目的を達成するためです。

ハイパフォーマンスチームの条件

Goals ▶ゴール・目標

ゴールを明確にしているか？

- □ そのゴールをメンバー全員が達成したいと思っているか？
- □ 達成可能でかつ、挑戦が必要な領域に目標の設定ができているか？
- □ 掲げた目標に対して、達成のイメージを描いているか？
- □ 成功するやり方を真似していたか？
- □ ほかのチームからよい方法を聞いているか？
- □ 時間内に達成するという意識をつねにもっているか？

Roles ▶役割

役割が明確になっているか？

- □ 一人ひとりの役割が明確になっているか？
- □ 役割が細分化され、その内容が全員に共有されているか？
- □ 役割を受けたメンバーは、こだわりをもち、責任を果たしているか？
- □ メンバーの特性と能力を存分に活かせる配置になっているか？
- □ 役割に対してメンバーの一人ひとりがリーダーシップを発揮できているか？
- □ わからないことはそのままにせず、きちんと確認しているか？

Interpersonal Relationship ▶人間関係

チームとして団結し取り組んでいるか？

- □ 特定の人だけが意見をするのではなく、全員が主体的に意見を出しているか？
- □ チームが承認しあい、全員で達成したいと思える雰囲気がつくられているか？
- □ ほかのメンバーを信頼して仕事を依頼しているか？
- □ 言葉で確認し、認識や理解のズレがないようにつとめているか？
- □ 自分の仕事以外にも、周りに配慮しているか？　サポートできているか？

Process ▶プロセス・段階

必要なタスクを明確にして、
仕事の段取りがうまくいっているか？

- □ 仕事の流れがあいまいでなく、言語化・明確化されているか？
- □ 全体的に無駄のない動きができているか？
- □ 綿密な作戦や事前計画をつくりあげているか？
- □ 進捗状況を見ながらの改善ができているか？
- □ 各段階でのコミュニケーションはきちんと図れているか？

「目的」と「目標」は違う

目の前の1試合に勝利をすれば、次の試合の勝利が目標になります。負けてしまえば、次の試合こそ勝つことが目標になります。リーグ優勝ができなければ、クライマックスシリーズに出場することが目標になります。その目標が達成できたら、勝ち上がり、日本一になることが目標になります。

チームの目標というのは、達成してもしなくても次の目標、また次の目標へと変化します。

「勝ち」は喜びで「負け」は悔しさです。しかし、2019年ラグビーのワールドカップに日本中が熱狂したように、負けても感動する試合があります。なぜなら、そこには「全力プレー」があるからです。全員が同じ方向を向いて、最後まであきらめず全力プレーをすることで、感動が生まれるのです。

わたしがファイターズでしたことは、**チームの目的と目標を明確にしたこと**でした。

「『ファイターズの選手って、どんなに大差がついていても誰一人あきらめないよね。すごいよね、負けたけど感動したよね。次の試合はきっと何かやってくれそうだよね。また応援に行こうよ』こんなふうに思ってもらえるようなチームになろう。われわれは勝利を目標にして、めざしている。しかし、われわれの目的は野球を通してファンの皆さんに元気、勇気、感動を提供し続けることなんだ」

わたしはこの目的を選手に伝え続けました。

勝ちは目標です。変化します。「目的」は不変です。不変のものに焦点を合わせて、その達成のために目標を設定したのです。

全力プレーは、感動を生み出すことのみならず、勝利にもつながります。それこそ相手の選手にプレッシャーがかかってミスを誘います。チームメイトを「あいつだけにやらせちゃいけないな、おれもやるぞ」と鼓舞できます。ファンからたくさん声援をいただけます。感動してもらえるよう、全力でプレーすることは、すべて勝ちに結びついているのです。

つまり、**目の前のできることに全力を尽くし続けるというのが、じつは目的達成であり、何よりも目標達成にいちばん近づく道**なのです。

組織の利点は、同じ喜びや悲しみを共有できることです。チームのみんなが思いをひとつに背負い合って、自分の力に変えて勝利をめざす。成功の暁には、背負った人の数、背負った想いの分だけ大きな喜びを分かち合うことができる。これがチームの魅力です。

一人では「今日はしんどいからいいや」「このぐらいでいいだろう」と思いがちです。チームの一員としてなら「ここで踏ん張らないと迷惑をかけるからがんばろう」という気持ちになっていく。

その結果、成長するのは自分です。つまり、背負うものが大きくなればなるほど自分もチームも伸びていくのです。

二軍監督になったとき、わたしはこの考えを発信し続けました。わたし自身が目的に焦点を合わせて、ぶれずに発信し、共有し、組織づくりをしていったのです。

　最初はみんなきょとんとしていました。プロ野球選手は個人事業主です。これまで「個人の結果を出すことがチームのためになる」という教えが多かったのに対して、「チームのためにプレーすることが個人の成長につながる」と真逆のことを伝えたわけですから当然です。


　でも、チームは選手個人の成績を上げるために給料を払っているわけではありません。チームの勝利に貢献することが選手一人ひとりに求められているわけです。

　そのために選手は役割と責任を果たす。目標達成に焦点を合わせた関わりを周りの人間にしていく。この重要性を唱え続けました。

　143試合を戦い抜くなかで勝ったときに、チーム全体で喜びを最大限に共有する。負けたら、悔しさを最大限に分かち合う。そうすれば、次の試合へのエネルギーにつながります。

目的を共有できていないと「あいつのせいだ」「なんでこんなミスをするんだ」と、相手に問題を置いて追及してしまいます。チームは個人主義になって、まとまらなくなります。勝利しても自分が活躍しなければうれしくないし、負けても個人の成績がよければそれでいいという組織になってしまいます。

「相手のせいにする」部下を変えられる？

チームが負けたとき、「おれはきちんとプレーしたのに、お前のミスのせいで負けたんだ。お前がサボってるから負けたんだ」と、相手に問題があると思って、改善を促して関わろうとする選手もいます。

そんなとき、わたしは「チームを家族に置き換えてみよう」と伝えます。

親の幸せはなんですか？　子どもが幸せになることです。ということは、親は自分が幸せになるために、子どもの幸せに関わらせていただいている立場です。子どもの幸せは親の幸せで、子どもの喜びは親の喜びです。

自分独りだったら気ままに行動できるところも、家族がいたら苦労させちゃいけないな、もっとがんばらなきゃいけないな、と背負うことが増えていきます。それは家族の喜びが自分の喜びにつながっているからです。

組織も同じです。喜びも悲しみも共有する。相手の成功が自分の成功である。相手の喜びが自分の喜びである。相手の悲しみが自分の悲しみである。

あなたはどういう家族をつくりたいですか？　どういう家族の一員になりたいですか？　それと同じで、毎日一緒にプレーする仲間とどういう関係を築きたいですか？その組織の中でどういう存在になりたいですか？

それらはすべて自分で選べるのです。チームメイトに喜んでほしい。チームメイトの喜びを喜べる人になりたい。自分のつらい思いを共有してくれる組織の一員でありたい。そういう思いがあるのなら、何も特別なことはいらない。今すぐ、そうなろうと思えばなれるのです。

それでも相手に響くかどうかはわかりません。「みんなで達成するぞ！」と号令をかけても、同じ熱量にならない、冷めた状態の人がいることもつねです。当然だと思います。そんなときでも、チームのゴールに対して、みんながエネルギーを注げるようなアプローチを全力でしていくのが指導者です。

多くの人は「あいつは冷めている」「あいつは変わらない」と捉えてしまいがちですが、わたしはそういう人のために指導者が存在していると考えます。

相手が変わるかどうかに焦点を合わせると、あきらめたり不安になったりぶれたりします。

できることは自分が伝えられるすべてを伝えることだけ。**目標ではなくて目的に焦点を合わせるのと同じで、相手ではなくて、こちらができることに焦点を合わせていきます。**それでも変化を起こせなければ、自分の力不足です。

あきらめてしまうコーチはたくさんいます。最初は関わっても、うまくいかないとやめてしまう。調子の良い選手のところにばかりアドバイスに行って、調子が悪くなると離れていくコーチはたくさんいます。

指導者にとっていちばん重要なのは「わたしは絶対にあきらめない。わたしは絶対に可能性を信じている」というスタンスです。変わらない相手を、相手自身ではなく、自分の問題として捉えているだけで、ほとんど問題は解決しているようなものです。

もちろん、この方法を使えば組織は絶対にまとまる、ということではありません。アプローチは全力でやるけれども、結果はどうなるかわかりません。１００パーセント相手が変わるとは言えません。

ただ、10人のうち２人の部下が自分勝手に振る舞っていたとしたら、その２人が１人に減るように関わるほうが、組織としての結果を出すために効果的ではありませんか？

「しょうがないな」とあきらめた結果、３人、４人と会社の目標達成に貢献しなくなる人が増える可能性はありませんか？「おれはこんなに会社に尽くしているのに指導者はあきらめている。この組織に未来なんてないな」と、活躍しているメンバーまでやる気を失っていくかもしれません。

さあ、あきらめるんですか？　あきらめないんですか？　やり方を変えるんですか？　変えないんですか？　**言い方は変える。伝え方は変える。関わり方は変える。でも、伝えることはいつも本質的に変わらない。それが指導者です。**

上司に対して不満があるときは……

企業内では、たとえば役員が指示したことに対して、現場の課長が違うことを言っているということが起こります。

そのときに指示された側は、「この組織は言っていることとやっていることが違う」と不満をもってしまいがちです。

でも、違っていたらどうなのでしょうか？　上司を替えることはできません。環境はどうしようもないのです。環境の中で、自分がめざすものに対して何ができるのかに焦点を合わせるのです。

ファイターズが交流戦中に11連敗したことがありました。10連敗目を喫したときに、とうとうフロントにコーチ全員が呼び出されました。

「お前たちは、選手に寄り添うと言って、普段の練習から甘やかしすぎている。キャンプのときからそう思っていたんだ。もっと厳しく選手に接しろ！」

そこでヘッドコーチのわたしは口火を切りました。

「今、厳しくして何か意味があるんですか？ ここで僕らが『お前ら、何やってんだ』と怒鳴り散らして、何かプラスがあるんですか？ 苦しい思いをしている選手を僕らが信じてあげられなくて、誰が信じるんですか？ キャンプのときからそう思っていたんだったら、キャンプのときにそう言われたらどうですか？ 僕らだって苦しいんです。もっと苦しんでいるのは選手です！」

激しい言い争いにその場は凍りつきましたが、何を言われても、わたしは自分たちの指導方法を変えませんでした。

そして次の日、甲子園で7対0から逆転負けしました。そのときでも、「絶対にこの経験はプラスになる。まさに僕らは指導者として試されている」とコーチ陣に伝えていました。

これは球界では有名なエピソードです。うまくいかないときに、「バカヤロー、今日は絶対に勝て！」で勝てたら苦労しません。

大事なのは、連勝や連敗という結果よりも、試合で勝つために、目の前のことにどれだけ全力を尽くせたかどうかなのです。

この考え方は、結果を出すことにつながります。わたしは二軍監督時代にも徹底して「試合は絶対に勝つ。勝ち負けがあるから試合なんだ」と選手に伝えていました。「二軍の育成だから、勝っても負けてもどっちでもいいよ。選手が伸びたらいいよ」というのは試合ではありません。プレッシャーも何もない、ゴールも何もない試合をしても選手は成長しません。

試合には絶対勝たなければならない。勝っても負けてもどっちでもいい、成功しても失敗してもどっちでもいい、それだったらもう練習と一緒です。絶対に勝つ。絶対に成功する。そういう強い想いがよい緊張感につながり、喜びと悔しさにつながり、次のエネルギーにつながっていきます。

負けたときには、責任追及をしない。なぜ負けたのか、明日はどうしたら勝てるのか、今から何ができるのか。そのためにおこなう練習はペナルティでやらせる練習とは全然違います。

だから、**状況や環境に不満を抱くのではなく、その環境の中で自分に何ができるのか、問題解決に焦点を合わせるのです。**

上司がダメではなく、上司がいるなかで自分はどうするかを考えていく。やり方は無限にあります。

会社として何をめざしていくのか、どう社会に貢献していくのか。そのために自分たちの部署やチームの目標は何か。そこで自分にできることは何かを考えて行動することは、組織への貢献であり、目標達成への取り組みであり、自分自身のやりがいにもつながっていきます。

そこにやらされている感覚はないはずです。

自分の目的に対して、在り方を変えない

組織というのは、決めるべき人が物事を判断します。だから、球団のためを思って発信し、自分にできることをしつつ、その評価というのはまったく自分のコントロール外ですから気にしません。

わたしはチームの目的や目標、自分の目的や目標に対して、つねに素直でありたいと願っています。上司から言われたことだからと、なんでも「はいはい」言うのは素直でもなんでもありません。自分の願望、目的、目標に素直に生きるのです。

105ページで詳しく述べますが、選択理論心理学では、人は自らの欲求を自分で満たす責任があるとしています。たとえば、自己保身からフロントの意見に納得できなく

ても「はい、わかりました」と言いつつ、現場でまったく逆のことを教えるというコーチもいるでしょう。

相手の立場に立つことは大切です。監督の立場、選手の立場、フロントの立場に立って物事を考えてみる。でも、明らかに自分と違う考えに従うことはただの迎合です。

忖度のなかで生き延びていく人たちはたくさんいます。しかし、それは選手のためにもならないし、自分のためにもならない。

たとえ意見をしてクビになっても、どこでも通用する技術を身につけていれば、いろいろなところで必要としてもらえます。

コーチの仕事は一生できるわけではありません。いつかは離れる時がくる。では、何をしなければならないのか？　スキルを磨くしかありません。自分で自分に投資をするしかないのです。

わたしもアチーブメント株式会社の研修を受けたり、講演に呼ばれたり、いろいろな人を紹介してもらったり……。こうした人生の財産は、ポジションにしがみついていたらできません。自分でお金と時間を投資して、足を運び、トレーニングを受け、スキルを身につけることで築かれていきます。

長い物には巻かれよといっても、長いものは自分にはコントロールできないことですから、自分にできることに焦点を合わせなければなりません。監督が辞めたとしても、チームをクビになったとしても、自分がどんな状況になっても成功していけるベースを築く、野球の世界でなくても通用するスキルを身につけるというスタンスがあれば、周りのことは気にしなくてよくなります。

多くの人は周りのことを気にします。コントロールできないことのなかで右往左往しています。そして「あのコーチの言うことを聞いたってダメだぞ。おれのほうが年上だし経験豊富だから、ちゃんとおれの言うことを聞け」と自分の優位を保ちながら、選手中心ではなく、自分のしたい指導をする。

本来は自分のアドバイスと真逆なことを選手がしたとしても、上達すれば目的は達成しているわけです。

ところが、多くの指導者は、それを受け入れられません。「なんでおれの言うことを聞かないんだ」と不満になる。指導者は自分が選手を育てる、育ててあげるのが仕事だと思っているからです。

そもそも誰のための指導者、上司なのでしょうか？　上司は部下のための存在です。その部下の成長・成功が組織の成長・成功です。それは上司の喜びになります。

あなたはどういう上司になりたいですか？
そのために何をしたらいいですか？

もし誰かから、「そんなの関係ないんだよ、選手のためじゃなく、上層部の言うことを聞いていたらいいんだよ」と言われたら、「それはもうできません、ごめんなさい」と答えることしかわたしにはできません。我慢してやる理由が見つからないのです。

自分の考え・言葉・行動を一致させる

人材育成にはティーチング、コーチング、エンパワーメントの3ステップがあります。詳しくは次章で説明しますが、いずれのステップでも、上司の立場で部下に接するときに、いちばん大切なのは土台となる信頼関係です。

たとえばティーチングなら、選手がコーチを信頼しているとは、「この人の言うことを信じればいちばん結果につながる」と確信している状態です。「この人の言うとおり、指示どおりにすれば結果が出る。問題解決できる。緊急事態を回避することができる」ということです。

これは結果から生まれる信頼関係です。教える能力が高ければ、経験に裏打ちされた指示命令ができるので、やはり結果は出てきます。どれだけ性格がよくて、コミュニケーション力が高くても、結果が全然出ないとなると信頼関係を築けません。

このように、「口も聞きたくない、顔も見たくないけれども、この人の言うことは正しい」と認識されていれば、ティーチングは機能します。しかし、コーチングは人間関係のほうが先にきます。「この人の話は聞きたくない」「この人と会いたくない」という関係だと、コーチングそのものが成り立ちません。

それでは、ティーチングでもコーチングでも、上司が部下との信頼関係を築くためには、何が必要でしょうか。

わたしはいつも「信頼関係は考えと言葉が一致していなければ生まれない」と言っています。考えていることを言葉に出して、自分の行動を一致させる。言行一致です。

「あの人は口ではああ言ってるけど、やっていることが一致してないね」

「あの人は表面上はいいことを言ってるけど、裏では別のことを考えているようだね」

「あの人は見たり聞いたりしたことをただしゃべっているだけで、自分の考えとしてしゃべっていないから、うわすべりだよね」

自分の考え、言葉、行動、これらがすべて一致していなければ、相手に何を言っても説得力がありません。

上司として部下をうまく指導するためには信頼関係が土台に必要です。信頼関係を築くうえでいちばん重要なのは在り方です。在り方とは言行一致ができているかどうかです。「あの人って一貫性があるよな。ぶれないな」と思ってもらえるから信頼が生まれます。

成果を上げる組織のために、上司ができることは？

球界の常識では、ミーティングで監督が選手やほかのコーチに意見を求めることはありません。ミーティングとは、監督の方針をどうやったら全員が徹底できるのかを考える場です。方針を守るために、ペナルティが科せられることもあります。

だから、わたしがコーチミーティングで「何か意見がある人？　手を挙げて言ってください」と言っても、誰も発言しません。みんな警戒しているのです。「こんなことを言ったら、ほかのコーチからバカにされるんじゃないか」とか、「提案して『あなたが担当です』なんて指名されたら嫌だな」とか、いろいろな考えが場を巡っています。

そこでわたしは「隣の人と、お互いにアイデアを出し合ってみてくれる？」と伝えていました。

横の人とアイデアを出し合ってもらったら、「そのアイデアをテーブルでしゃべってくれる？」「今度はテーブルごとに意見を集約して３つか４つ提案してくれる？」と発展させていきます。

こうして、10人のコーチがいたら10人の意見が出ました。わたしは出た意見を、「ああ、いいね。それいいね」と受容していくだけです。

途中で「それは前にやったけど無理だったよ」なんて否定が入ると、意見は出なくなります。まずは意見を聞く。「良い」「悪い」のジャッジはしません。意見が欲しいと要望を出したのはこちら側ですから。

この方法は、組織の会議でも有効ですから、ぜひ試してみてください。

上司の立場になり、経験豊富になるほど、そのアイデアは実現できるかとか、効果的かとかジャッジをしてしまいがちです。

すると、「（おれは違うと思うけど）あの人が言うなら仕方がないな」という空気が流れ始めます。そこで決まったことに、みんなで一丸となって取り組もうというエネルギーが流れるでしょうか。

人は絶対にどこかで自分の意見をもっています。

「とにかく、たくさんの意見を出してくれてありがとう。この中から、今、このチームに必要なものをみんなで考えてみよう。何からやっていけばいいのか優先順位を付けてみよう。まずテーブルごとでやってくれる？」

意見を出しやすい環境をつくり、その意見に対して上司のジャッジを入れずに受け入れる、そう話を進めていくとどんどん参加型のミーティングになっていきます。

多くの人は自分で決めたことを現場に落としていくのがリーダーの仕事だと勘違いしています。そうではありません。

「おれよりもっといいアイデアが生まれるかもしれない。みんなの意見をまず吸い上げてみよう。全部出してもらおう」という姿勢でそれぞれの考えを聞いていく。

すると、ホワイトボードいっぱいアイデアが出てくる。それを眺めながら「こうやって見てみると、どれがいいだろう」なんて、みんながいろいろ考えていくわけです。

場の空気を読んで「多数決で決まりそうだな」と思ったら多数決を取り、「これはなかなか意見が割れて収束しそうもないな」と思ったら、「みんないろんな意見を出してもらってほんとうにありがたい。じつはおれもいろいろ考えていて、まずは1週間、このことからやっていくことがチームにいちばん必要だと思うんだけどどうだろうか？」と発言すれば、「もうリーダーがそこまで言うんだったらやりましょう」みたいになっていくこともあります。

手順を踏むかどうか、空気を読むかどうかというのはとても重要です。リーダーは決して丸投げしてはいけません。「多数決で決まったからそれでいいよ」と言ったら、すでにリーダー放棄です。

最終的に決めるというのは、リーダーの仕事です。それを決めたら責任を背負うのもリーダーの仕事です。だから、メンバー全員に意見を求めるのです。

第3章

人を育てる
3つの育成方法

3種類の育成方法の使い分け方

前章で「人を育てる3つのステップ」について触れました。まずはそれぞれの育成方法について説明していきましょう。

ステップ1 ティーチング

ティーチングは非常にわかりやすいです。たとえば教室で生徒に教えるのはティーチングです。しゃべって、書いて、やって見せて教える方法です。皆さん無意識でやっています。

ひとつ問題になってくるのは、教える側が持論をしゃべってしまうことです。「この人には好評だけれども、この人には合わない」となるとティーチングではありません。

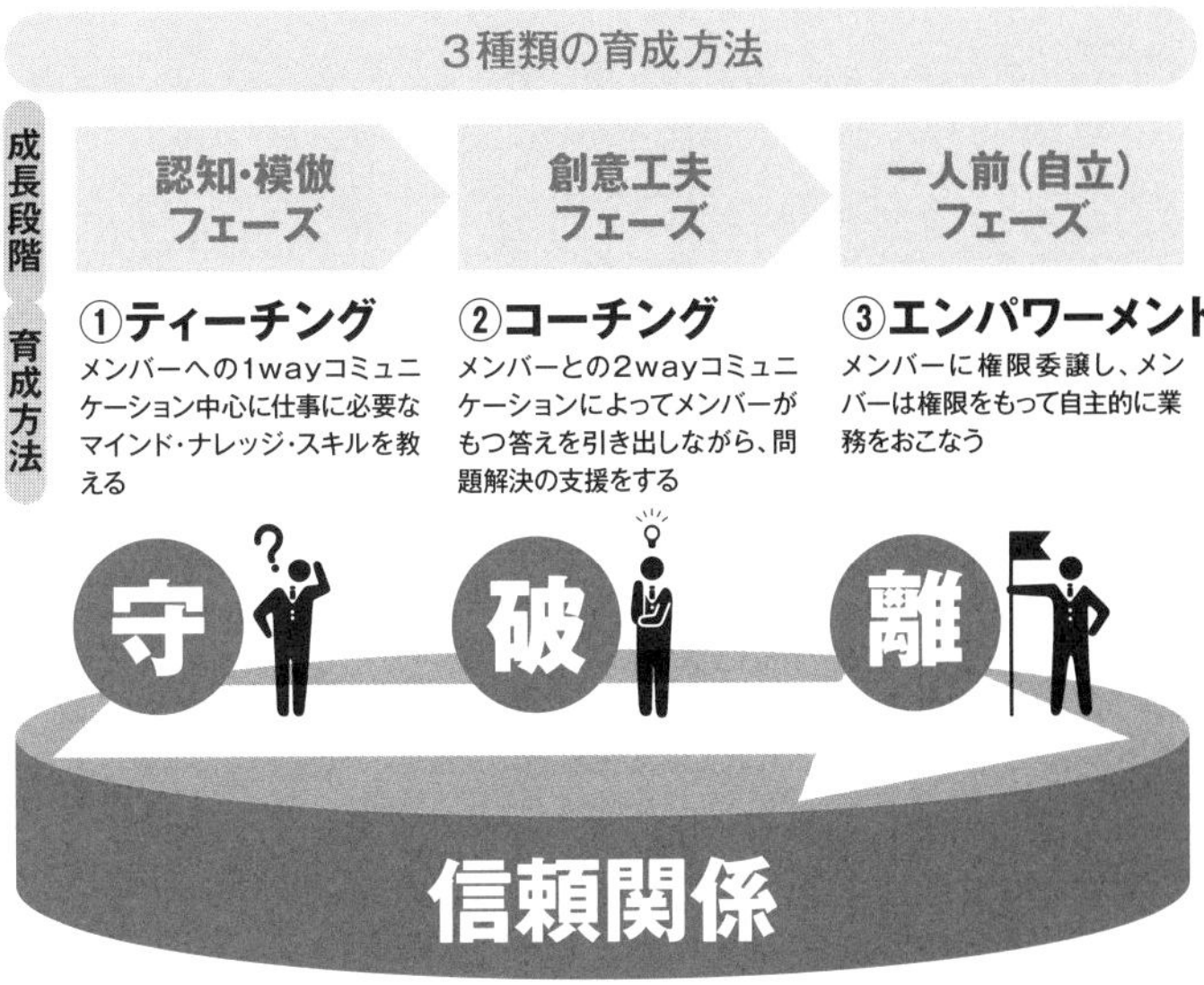
3種類の育成方法
成長段階
育成方法
認知・模倣フェーズ
創意工夫フェーズ
一人前（自立）フェーズ
①ティーチング
メンバーへの1wayコミュニケーション中心に仕事に必要なマインド・ナレッジ・スキルを教える
②コーチング
メンバーとの2wayコミュニケーションによってメンバーがもつ答えを引き出しながら、問題解決の支援をする
③エンパワーメント
メンバーに権限委譲し、メンバーは権限をもって自主的に業務をおこなう
守
破
離
信頼関係

ティーチングは、論理的でなければいけないのです。

経験論はたくさんしゃべっていいと思います。経験論とは、成功例と失敗例の両方です。多くの人が成功例だけを持論として展開してしまいがちです。

よく「あいつはおれの言うことを理解していない」と指導者が言いますが、それは理解できないのではなく、合っていないだけなのです。相手にとって何が重要かを考えることが、ティーチングではいちばん重要です。指導が合わないとき「相手が理解しない」と考えると学ばなくなるのです。

「今のあなたのスイング機能に対してどうアプローチするか」というのが論理です。10人いたら10人違う方法論を教えることになります。方法論はいくつも出さなければいけません。しかし、自分のやってきた方法論しかない人がいるわけです。

一流選手の大半は理にかなったプレーをしています。ですから、小さいころ、プロの真似をしてプレーするのは悪くないと思います。

ただ「おれはダウンスイングで練習をしたから打てるようになった。あの選手もダウンスイングで練習をしている。だから皆さんも素振りはダウンスイングしてください」と言うと持論になってしまうわけです。

「あの選手は25度のアッパースイングだったのが、ダウンスイングの練習をして、19度のアッパースイングに修正したからホームランを打てるようになったんだ。

ピッチャーの手元から下りてくるボールの角度とバットの角度が一致すれば、いちばん当たるから、ヒットを打つならこの考え方で、ホームランを打つならもう少しアッパーにして角度をつけたほうがいい。あなたはアッパーが強いから、もう少しダウンス

ティーチングは論理的であるべき

ex. バッティングの指導例

ボールの角度とバットの角度を
一致させるといちばん当たる。
ボールの軌道
バットの軌道

イングで打ってみるといい」というのは非常に論理的です。なぜなら物理の話だからです。

腕を伸ばしたまま大きく回してボールを投げようとしてみてください。絶対にスピードが出ません。なぜならば腕の屈曲と伸展がないから。だから速い球を投げようとすると、肩と肘を曲げてできるだけボールの運動量を大きくする動作になります。

短距離走でも、日本人の筋力ではトレーニングしても黒人のパワーには及びません。ですから、ウエイトトレーニングをするよりも、日本人のもっている骨格の特性を活かして、どうしたらいちばん効率よく走れるかを考えるわけです。

坂道を上るのと下るのだったら、下るほうが速い。上っているときは力が必要で、下っているときは力が必要ありません。足がついていかなくなるぐらい速く動いているわけです。平地で走るときも、上る動きと下る動きのどちらを採用するのかと言えば、いちばん回転数の多い下る動きを採用したほうが速く走れます。

これこそまさにティーチングの部分です。運動力学、運動生理学の話なので、議論する余地がないのです。勉強さえすれば、誰でもティーチングスキルを身につけることができます。

だから野球経験がなくても、野球を上手に教えられる人は山ほどいます。物理を学んでいけばいい、理論を学んでいけばいい、方法論を学んでいけばいい。持論はまったく必要ありません。

ステップ2 コーチング

ティーチングは、答えは教える側がもっています。コーチングは、答えは相手側がもっているというのが大前提です。コーチングの語源は馬車ですから、相手がめざすところに到達する支援をするのがコーチの役割です。

ところが、「成果を出してほしい」と考えたときに、指導者は「この部分を直せばいい」「もっとこうしたらいい」と答えをもって教えてしまいがちです。答えは指導者がもっていると相手が思ってしまうと、いくらコーチングのスキルを身につけて質問をしても、相手を導くことはできません。

論理的であり、物理的であり、相手に合った方法論を伝えるのがほんとうの意味でのティーチングですから、本物のティーチングができている人は、じつはコーチングもできていたりします。

成功者、実績を出した人ほど答えを自分の中にもっています。しかし、持論を伝えるのはティーチングではありません。

管理職研修をするとよく聞くのは、「部下が答えをもっていない。やる気がない」という言葉です。

ですから、わたしは「ほんとうにやる気がないんですか？　答えがないんですか？」と投げかけます。「それは誰が決めたんですか？　全部コーチが、こちら側が決めているんですよ」と。

「答えは相手の中にある」というのは、やる気は必ず相手の中にある。無限の可能性が相手の中にあるというスタンスです。

この立ち位置のある人がはじめてコーチの役割を果たせます。「どうせやる気がない。どうせ言ったってやらない」という答えを自分の中にもってしまっている人は、すでにコーチではありません。


「今はやる気がないかもしれないけれど、本来はやる気に満ち溢れている。可能性に溢れている存在だ。だから、やる気を引き出せていないのはわたしの問題なんだ。どう問題解決していけばいいだろう」というのがコーチの姿勢です。

ですから、極論、コーチングなんて学ばなくてもできると言っています。これまで伝えてきた指導者のスタンスを取れば、自然とコーチとしての関わり方に変わります。

人間関係を築く原則

致命的な7つの習慣	身につけたい7つの習慣
（力の原理） 外的コントロール理論 ボスマネジメント	（愛の原理） 内的コントロール理論 リードマネジメント
□ 1. 批判する	□ 1. 傾聴する
□ 2. 責める	□ 2. 支援する
□ 3. 文句を言う	□ 3. 励ます
□ 4. ガミガミ言う	□ 4. 尊敬する
□ 5. 脅す	□ 5. 信頼する
□ 6. 罰する	□ 6. 受容する
□ 7. 褒美で釣る	□ 7. 意見の違いについて交渉する

スキルで言えば、選択理論心理学でいう人間関係を破壊する致命的な7つの習慣を使わずに、人間関係をよくする身につけたい7つの習慣を使うことで、よい人間関係が築かれていきます。

これは、たんにお互い居心地のいいだけの関係を築くという意味ではありません。真の指導者はその場にいるだけで、指導される側の身が引き締まる、緊張感が生まれるような存在になっていきます。そこには仲がよいというのではなく、お互いを敬い、尊重しながら、高め合うような間柄があります。

人間関係を壊したくないから、少し手を抜いている場面を見て見ぬふりをするのとはちょっと違う。目の前の関係に甘んじて、嫌われたくないという感情に焦点が合うと、関係がおかしくなっていきます。自分がどう思われるかというのは自分に焦点が当たっているということです。わたしは見て見ぬふりはしません。

パワハラやモラハラと言われることを恐れて、嫌われるのを避けるためになあなあで接するような管理職が増えた会社はどうなるでしょう？

指導者は、結果が出たあとに評価されるものです。もし、そのときに目の前で注意しなければ、次、同じケースが起きたときに注意しても結果が出ません。「あのコーチはAさんは見逃したのに、Bさんにだけ厳しい」と、両方とも話を聞かなくなります。

ファイターズ時代、「白井さんは、どうして厳しいことを言うのに、あんなに選手と仲がいいんですか？」と言われたことがありました。

仲がいいのではなく信頼関係が醸成されていたのです。仲の良し悪しではなく、困ったときに頼られる人であるかどうかが、指導者として大切です。

ですから、わたしは、今の評価はまったく気にしません。相手の成長にとって必要かどうかを判断して、言うべきことを言います。

もちろん、伝えるときにスキルは使います。座る位置は相手の正面ではなく斜め前がいい、ユーメッセージは結果の承認、アイメッセージは存在の証明。「○○です」と言われたときに、「○○なんだね」とただ受け入れる。ジャッジしないことで相手は意見を言いやすくなります。

スキルを駆使して意見を言いやすい環境を整えたほうが、圧倒的にコミュニケーション量が増えていきます。たくさん話しているということは、その分、相手も頭の中でたくさん考えているということです。

そこで「あなたはどうなりたいんですか？」「それを続けていったらどうなりますか？」と、相手がめざすところ（ゴール）に向かって進んでいけるような効果的な質問をすることで、相手は考え出します。

賛同できることは賛同する。賛同できなければ、ノーを出すのではなく「今はそう考えているんだね。そう思っているんだね」と受容する。ジャッジしない。

答えは相手の中にあるわけですから、相手の話を遮らず聞く。また質問を投げかける。ティーチングは、答えが指導者にあるので、どうしても一方通行のコミュニケーションになってしまいます。コーチングは双方向です。

コーチングの本にはこうしたスキルが山ほど載っています。当然、コミュニケーションの質を上げるのでとても有効です。

しかし、コーチの根本的なスタンスがあって、はじめて機能するということは忘れないでください。

ステップ3 エンパワーメント

エンパワーメントとは、メンバーに権限を委譲し、力を引き出すことです。

人間は任されると、それを遂行するために力を発揮しようとします。誰に対してどのくらいの責任を与えるかは、相手を観察して、「この人にここまで任せたら大きな成長がある」と事前にデザインしなければなりません。誰にでもなんでも任せてしまうのは単なる丸投げです。任せているとは言いません。

任せる人が責任をもって相手に権限を委譲する。相手の成長のために責任を与えれば、うまくいかないときでも信頼関係ができるので、さらなる育成につながります。

失敗しがちなのが、自分が忙しいのでほかの人にやらせてしまうケースです。忙しくても相手の力量からできる範囲を考えて、進捗状況を確認しながら、「こちらにできることはないか？」と適宜確認をするだけでかまいません。「ああしなさい、こうしなさい」と言う必要はありませんが、丸投げと権限委譲は異なります。

任せたときには当然期限を切ります。よくあるのが進捗確認をしたときに、「まだできていません。明日の朝までにやります」と返ってくることです。

こちら側から見たら、到底終わるとは思えません。任せたものの本人が自分事として捉えていなかった。手をつけていなかったのです。

このようなときには、現実的な達成の可能性に加えて、やり遂げることで何が起きると本人は考えているのか？　達成の価値を問い合わせなければなりません。
わたしはよく**価値質問**をします。その目標を達成したときに、組織の一員として、どういう評価を得ることができるのか。周りに、組織にどんな影響を与えることができるのか。社員としてどんな役割を果たせる人間になりたいのか。「その仕事に価値がある。なりたい自分になるために、この期限はしっかりと守る必要がある。絶対にやる！」とコミットメントが生まれるような関わりをするのです。

多くの人はやり方を聞いてしまいます。「では、何からやるんだ？　ほんとうにその見積もりで時間内に終わらせられると思うのか？」と。
明日までにやるかどうかを決めるのは部下自身です。任せるときに責任、価値についてしっかりと理解してもらうのが指導者の役割です。それを生み出すのが価値質問。相手は価値を見出せるから価値を生もうとするのです。

「どうやったら日本一になれますか？」
厳しい練習をします。食べものに気をつけます。睡眠時間を……。やらなければならないことはたくさんあります。「そのために自分を律してすべての時間をそこに注ぎます」ではつらくなってきます。

目標達成の方法論を聞いていくと「我慢しなきゃいけない。努力しなきゃいけない……」と、がんばるのが目的になってしまいます。努力に価値を見出すことが難しくなってきます。これでは疲弊します。目標達成できません。

「目標達成の価値はなんですか？」

日本一になったときに、あなたが得られる価値はなんですか？　球団からどういうご褒美をいただけるでしょうか？　応援している皆さんはどういう気持ちになるでしょうか？　あの大通公園をパレードしている様子を思い浮かべてみましょう。どんな気持ちになりますか？

がんばることは手段でしかありません。価値を手にするために、がんばるのです。それでも最後は本人の選択です。

「あなたはこのチームで活躍したいんですか？　手を抜いて練習してラクをしたいんで

すか？　どちらが重要なんですか？　それは全部あなたの選択です」
わたしが語れるのはここまでです。

やらないというのは、「あなたの言うことは受け入れがたいですよ」ということです。今はまだやる必要がないと思っている相手が目の前にいるということです。
相手が行動を変える変えないには焦点を合わせません。大切なのは、わたしが指導者としてどう在るべきか。組織にとってプラスになるかどうかです。どう関わっても変わらない人がいたら、「そういう人がそこにいる」で終わりです。

答えは自分の中にあるのです。あなたはどういう上司になりたいですか？
企業ならサボりたい。働くのが嫌だと言う人がいても、やるかどうかを決めるのはその人自身です。10人いたら10人の反応が違うように、10通りのやり方を指導者は用意しなければならないのです。

ここまで述べてきた方法は、状況やタイミングで使い分けが必要です。「すべてお前に任せた」と新人に権限委譲して送り出せば潰れてしまいます。そういう予測が働くときには任せないほうがいい。緊急性があるときはコーチングしている時間はありません。ティーチングが必要かもしれません。

よくあるのが、指導するうえでティーチングの量が増えてしまうことです。ティーチングとコーチングのバランスがうまく取れなかったり、バランスを取ることを意識しすぎて、コミュニケーションがぎこちなくなってしまったりします。

コーチングを学ぶと、「どういう問いかけがベストなんだろう？」と、質問を考えることで、いっぱいいっぱいになってしまうこともあります。

でも、質問の量や相手の話す割合が大事なのではありません。ティーチングでも、コーチングでも、エンパワーメントでも、その人がなりたい自分になっていければ、方法はなんでもいいのです。

わたしは、相手から「こうなりたい！」と思われるような存在になることが、メンターのめざすべき姿だと思っています。あの指導者がいるだけで身が引き締まる。背筋が伸びる。同時にあの人みたいになりたい。あの人と一緒だったら、何か打てそうな気がする。勝てそうな気がする。優勝できそうな気がする。そんな存在感をもつのが真の指導者です。

指導者のアドバイスはなぜ響かないのか？

大谷翔平が調子を落としているとき、ダウンスイング気味になっていました。わたしがそこで「ボールは上から下にくるんだから、下から打たないと打てないんだ。そんなんじゃダメだよ」と指導したとして、すぐに調子を取り戻すでしょうか。

本人は良かれと思って、今のバッティングをしているのです。ただ、なかなか結果が出ないから不安になってきている。そこで一般論を引き合いに出される。

自分で今やろうとしていることがあるときに、「お前のそのやり方がダメだ」とアドバイスしてしまう上司はたくさんいます。そういう人には、部下は話を聞きに行かなくなります。聞きに行かなくても教えに来るわけですから。

大事なのは、開幕前に大谷に早く調子を戻してほしいということです。選手が結果を出すために、コーチが関わらなければならない。正しい方法を言わなければならないのではなく、そのときに大谷が**自ら気づけるいちばんいい環境づくりをするのがコーチの仕事**です。

そのように関わって、大谷が自分で気づくことができたら何が起きるでしょうか？　調子が悪くなったら「早めに白井さんの助言をもらいに行こう」と実感します。あの人の言ったとおりにやったら結果が出る。これがコーチと選手のいちばんの信頼関係です。

指導者の立場からすると、何が問題なのか、どうすればよくなるのかわかってしまうケースはいっぱいあります。

そのときに相手が聞いてくるまでひたすら待つのではなく、「調子はどうだ？」と確認はしていきます。そこで「「はい、大丈夫です」という答えが返ってきた場合には、まだ聞く準備ができていない。本人の中で試行錯誤している段階です。

でも、試行錯誤していても万策尽きるときがあるわけです。そうしたら、ある日「調子はどうだ？」と聞いたときに、「白井さん、ちょっと……」と反応が変わることがあります。

相手の聞く準備ができていないときに何を伝えても伝わりません。では、聞く準備ができたかをどうやって知るのか？　いつ助言するのか？

ひたすら待っていてもダメです。タイミングは待つけれども、普段から観察します。どうしたら、この選手が調子を上げられるのかを考えて準備します。そして、絶えずコミュニケーションを図ります。

選手には必ず調子の波があるので、調子が落ちてきたときに「あそこが悪い、ここが悪い」とアドバイスをしてしまいがちです。

落ち際のときに選手はいちばん試行錯誤を重ねているのです。そこで助言しても、「はいはい」と言うけれどやらない。でも選手はやったつもり、聞いたつもりです。「あの人の言ったとおりにやったって全然よくならないよ」となり、結果が出ないので当然、信頼関係に結びついていきません。

自ら考えて自ら動こうとしているときに、アプローチはしません。調子の底がきた。万策尽きた。そこまで我慢すればあとはV字回復です。

「良いときと悪いときの違いはここにあると思うけど、そこを意識してみたらどうだ？ちょっとやってみてごらん」

指導者は提案するだけ。直接アプローチはしていないので「白井さんが教えてくれた」とはならないし、「周りも白井さんが教えたからよくなった」とはなりません。でも、聞く準備ができているので選手は実践しようとする。良くなる。すると、「白井さんのアドバイスどおりにやったらうまくいった」となります。今度は調子が落ちそうなときに、「白井さん、白井さん、どうなってます？」と聞きに来る。調子が落ちる前に立て直せる。

結果的に右肩上がりで調子を上げていくことになります。

通常、調子が落ちたときに選手は指導者の助言を求める

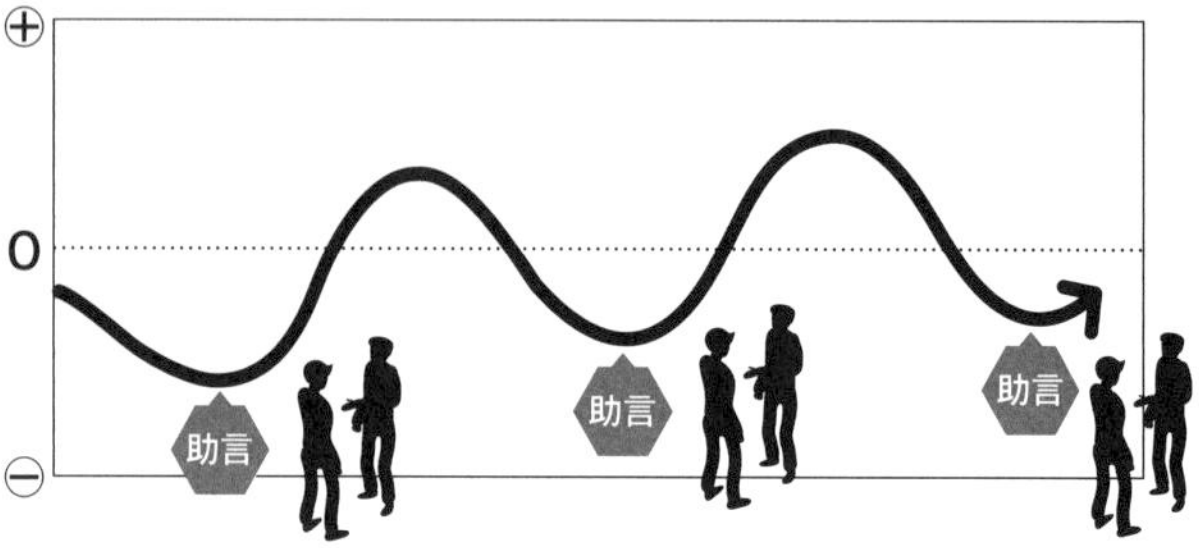

信頼関係ができると調子が落ちる前に助言して立て直せる

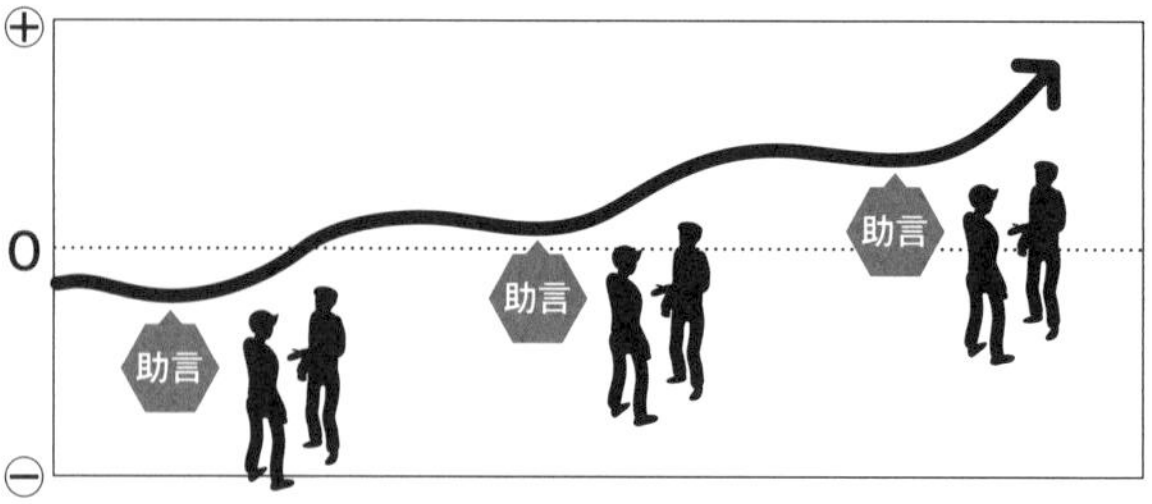

選手は結果が欲しいわけです。**指導者の仕事は選手が結果を出せるようにすることです。**わたしは選手に対してつねに、「最終的な選択の権利は君たちにある。選んだからには自分で責任をもちなさい」と伝えています。

でも、多くの指導者は自分の方法を選んでくれない選手に対して「なんでおれの言うことを聞かないんだ。わからないんだ」と不満や憤りをおぼえるわけです。

わたしは「彼には自分の言葉は響かなかったんだな。彼にちゃんと選んでもらえるには何が必要なのか……」と自分ができることを考えます。相手を嫌いになることはなくなりますし、自分の技量を磨くことだけに焦点が当たるのでストレスもありません。

「選ぶのはあなたの責任だよ」と伝えても、最終的な結果責任は指導者側についてきます。「あいつはおれの言うとおりするなら、おれは責任をもってやる」というスタンスをとってしまいがちですが、これには力がありません。指導者は最初ではなく、最後に責任を取らなければなりません。

育成の質＝信頼関係の質×育成方法の質

場面によっては最初に責任を取ることもあります。たとえば狙い球を絞るべきときには、「この球一本を狙っていけ」と言って、選手を打席に送り込みます。このとき、データ的には70パーセントの確率だったとしても、わたしは100パーセントだと選手に伝えます。

「もしこなかったらどうするんですか?」

「いや、絶対にくる!」

同じデータを見て「70パーセントの確率でくるからな」と伝えるのと、「100パーセントくるから狙っていけ。責任はおれが取る」と言うのと、どちらが思いきったプレーにつながっていくでしょうか。

12球団すべてがデータ会社から同じデータを買っています。300ページ分のデータは対戦相手も同じように入手しています。

私たちは使える部分だけを3ページほどに集約します。選手には「使えるデータだけここに出しておいたから、しっかり頭に入れておいてくれ」とだけ伝えます。どのチームも得られるデータは同じ。それをどう使いこなし、選手の結果につなげられるかがコーチの力量です。

もし失敗して帰ってきたときに「ここに気をつけろと言っただろう。何回同じことをやってんだよ」では、選手から見たら責任を取ってくれていません。

また同じ場面で「絶対にこの球がくるから、思いきってやってこい」と言っても響かないでしょう。周りの選手たちからも「責任を取ってやるって言うのに、あの人は全然責任を取らない人だな」と認識されます。信頼関係はできません。


大切なことは、本人が自分事として捉えることです。「あいつは責任感がない」「仕事に価値を見出していない」「適性がないからだ」「向いていないからだ」と印象議論になりがちですが、そもそもなぜ採用したんですか？　なぜ関わらないのですか？

役割を変えてみましょう、アプローチを変えてみましょう。方法は無限にあります。

反対に指導者側にできることは、自分の関わり方を変えることだけです。


全員がエースで4番にはなれないように、人にはそれぞれできることとできないことがあります。「そんな簡単なこともできない」のであれば、そういう人は、次は選ばない、採用しない。でも採用したからには何かできる役割を与えていくしかない。

ベースの信頼関係に、効果的な育成方法がかけ算となって、人は育っていきます。だから、「こういうやり方をしたら全員が育つ」という魔法の杖はないのです。いろいろなアプローチがあっていい。

よく「組織は2―6―2」に分かれるというような話があります。上位層が2割、中間層が6割、下位層が2割で構成されているという考え方です。ほかにも上位2割の人が8割の成果を生んでいるというような理論もあります。

それが事実だったとして、上位層に集中的に手を掛けることがいちばん組織全体のパフォーマンスを高める、底上げされる効率のいい方法なのかもしれません。

しかし、わたしは選手を預かった身として、指導者として、どんな選手にも全力で関わります。全力でできることをやっていると、その選手の伸びるチャンスも多くなるし、わたしの指導者としてのスキルも上がっていきます。組織論ですべてを決めてしまうのか、目の前の人に自分ができることをするのかは、もう捉え方ひとつです。

だから自分にコントロールできないことは一切手放してしまう。相手の才能がどうであれ、好不調の波がどうであれ、聞く耳をもつもたないはどうであれ、責任は指導者の

育成の質を構成する要素

側にあるというのがじつはいちばんラクな考え方です。

ひとつは、自分を責めなくてよくなるからです。「やるべきことはやった。最善は尽くした。しかし、結果を出すことはできなかった。今回は申し訳ない。次はもっとがんばろう」と。すべて自分の責任と考えたら、こんなにラクなことはないのです。

すぐ周りの責任にするから、「あいつらが悪い。ここが悪い。なぜわからないのか」と愚痴ってしまう。

もちろん、できない人は時間が掛かるかもしれません。それはこちら側が時間をどうマネジメントするかの問題です。時間が掛かることは時間を掛けてやる。すぐできることは今すぐやる。区別はするけれど差別しないというのと一緒です。多くの人は差別をしてしまいます。

重要度と緊急度の関係から考えるタイムマネジメント

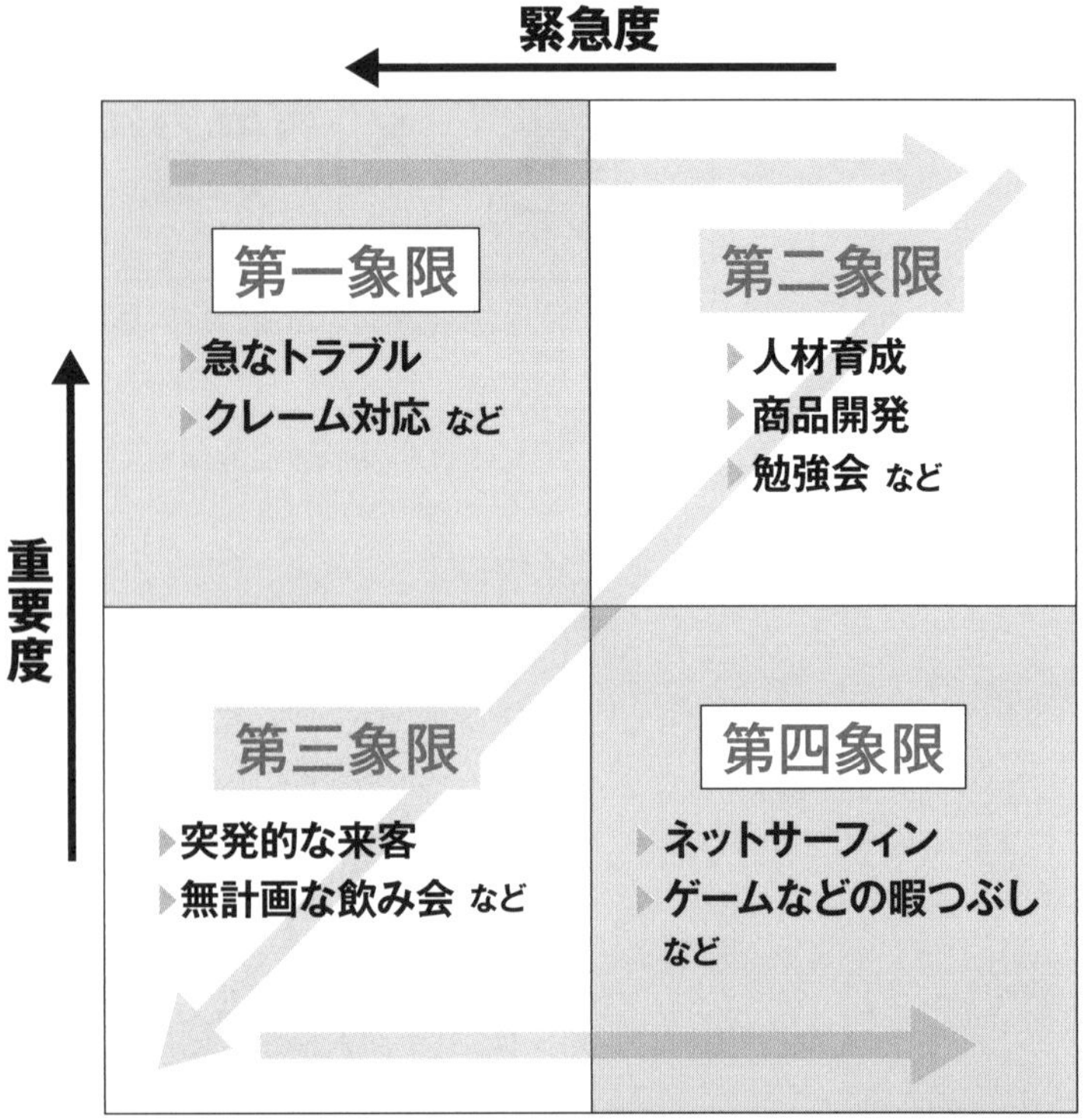

成果を出す人はZ型の行動パターン

優先順位を第一象限から第四象限に分けた場合、多くの人は第一象限に追い回されて第二象限を疎かにしてしまいます。結果、問題対応ばかりになって指示命令で乗り切っていかなければならなくなります。電話口でお客様がカンカンに怒っているのに、「どうしたらいいと思う？」なんて言っていられません。今すぐにこうしなさい、ああしなさいと言わなければいけません。

だから、多くの組織は現場に留まって第一象限をずっと回っているのです。人材育成は第二象限です。時間も掛かるし、掛けるしかない。でも人が育っていけば（第二象限に時間を掛ければ）第一象限は減っていきます。

コミュニケーションギャップを取り除く

こうした話を続けていると、「白井さんは頑固な選手にイライラしたり、成長しようとしない選手に感情的になることはないんですか？」という質問をよく受けます。
わたしは感情を抑えないのでストレスになりません。人間ですから、怒りの感情は湧き上がってきます。それはコントロールできないもの。出てきた感情にどう対処するかをコントロールしていくのです。

カッとなったとき「バカヤロー、なんでそんなこともわかんないんだ！」と言いたくなったとして、それを言ってどうなるんですか？
選手が心から自分事と捉えて行動を変えるのでしょうか？　めざす人間関係が構築されるのでしょうか？　あなたは指導者として、感情的に関わるのですか？　それとも、ちょっとその感情を抑えて、めざすものに対して効果的な関わりをするのですか？

感情的になった経験は何度もあります。「ああ、なんて愚かなことをやってしまったんだ」「あんなに感情的になって、わだかまりが残るだけだし、全然すっきりも何もしないじゃないか」「何より人間関係が壊れた、明日どうやって顔を合わせようか」などと延々と悩むこともあります。

コミュニケーションギャップの弊害

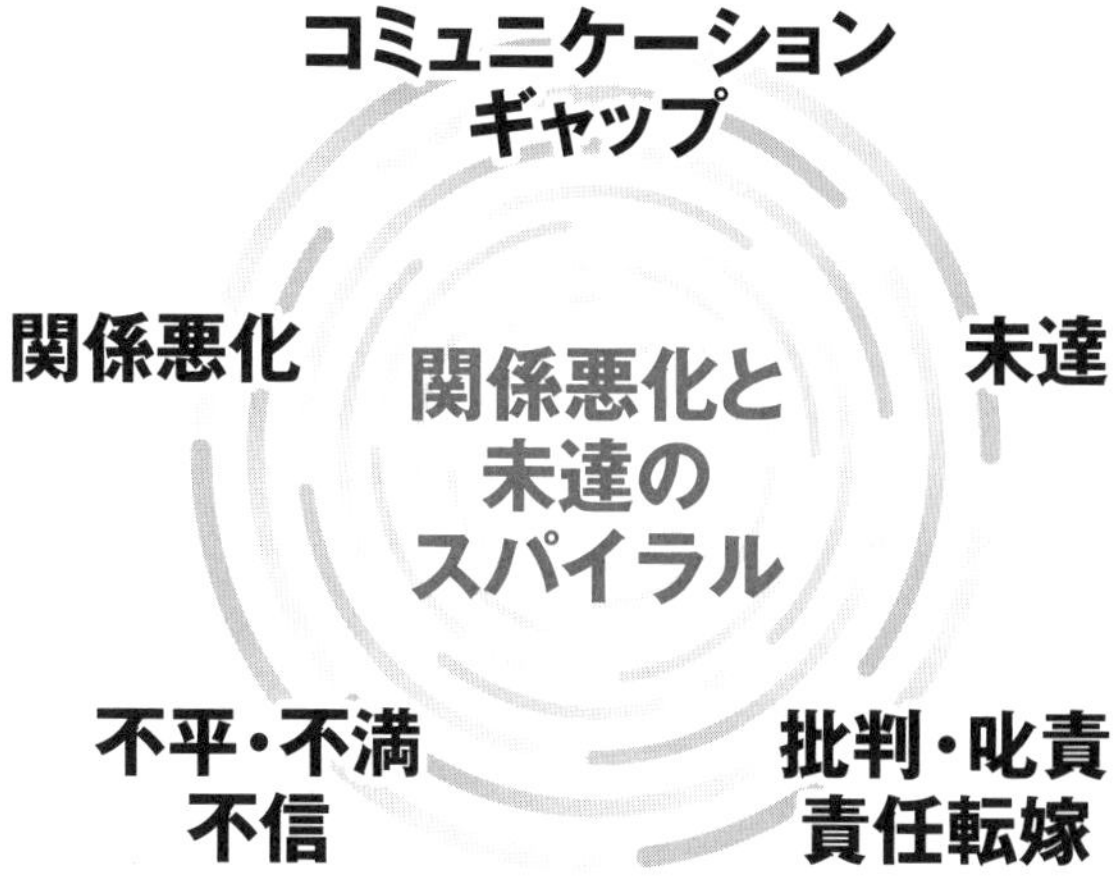

しかし、最後は「もう二度とこんなことをやらない」と決めたら終わりです。次の日はまた明るく「おはよう。ごめん、昨日は感情的になってしまった」と謝ればすむ問題です。そうしたら相手も「いやいや僕のほうこそ、すみませんでした」となるわけです。間違えたなと思ったら、こちら側から「申し訳なかった」「感情的になりすぎた」と言ってもう終わりです。

自分のプライドがあって、どうしても赦せないと思うかもしれません。でも、プライドとあなたのめざすもの、どちらが大切なんですか？　あなたは指導者として、どうなりたいんですか？

湧き出ている感情を抑えようとするメンタルトレーニングはいっぱいあります。「そういう感情はダメです」と抑えようとすると、そこにもエネルギーがかかります。感情は湧き出るものですからモグラたたきと一緒で、「はい、全部出てください。もうないですか？　もう出ましたね」と出しきってしまえば処理できます。これは受容です。出てきた感情をいったんすべて受け入れる。「ああ、人間らしいな」とか「おお、58歳にして、まだまだ激しいところをもっているな。成長の余地があるな」と受け入れるだけです。

すると「いつまで嫌な思いをしてるの？　そんなこと。そろそろいいんじゃない？」という思いになっていきます。後悔を繰り返すのも、やめるのも、全部自分で決めることができるのです。

感情に任せて選手と関わるのか、感情を一度置いて選手と関わるのか、どちらがめざすことに対して効果的でしょうか？　これはその人がもつ思考習慣です。選択理論心理学ではセルフカウンセリングと言います。

マネジメントの場面だけではなく、人間は誰でも朝から晩までずっと湧き出る感情と向き合っています。朝、目覚ましが鳴った瞬間から「ああ、もう起きなければいけない時間だ」「もう朝が来てしまった」で始まるわけです。起きた瞬間には起きた瞬間の感情があります。

「よし、今日も仕事をがんばるぞ！」と思えるようにトレーニングするのはストレスです。だから感情はコントロールしない。感情が湧き出たあとに、その感情を引きずるのか、切り替えて1日をスタートさせるのか、どういう1日をつくろうと思って整理をしているのか。感情が湧き上がってきたあと、どう自分の行動をコントロールするかが大切なのです。

何かトラブルが起きたときは、まず問題解決に焦点を合わせるしかありません。もっとも効果的な方法は何かを考える。そこで相手をとがめてもなんの解決にもなりません。「起きてしまったことは仕方ない。なぜ起きたのかはまたよく考えろ。まずはこの問題

セルフカウンセリング

1

わたしは何を求めているのか？
わたしにとっていちばん大切なものは何か？
わたしがほんとうに求めているものは？

願望の明確化

2

そのために「今」何をしているのか？

時間の使い方をチェックする

3

その行動はわたしの求めているものを
手に入れるのに効果的か？

主観を絶対視せず
客観的に行動を自己評価する

4

もっとよい方法を考え出し実行してみよう。

改善計画とその実践

の解決を優先順位としてやっていこう」で終わりです。

感情は湧いて出るものなので、わだかまりをなくすかどうかも、もう自分で決めるだけです。相手が悪いのではなく「選んだ自分が悪い。まぁ、仕方ないか」と、人を赦せる人がいちばん強い人です。


わたしも赦しがたいことをされた経験はあります。もう理不尽なことをいっぱいされてきました。でも、いつまでも怒りをもっていたって仕方がない。「ああ、そういう人もいたな」で終わりです。よくよく考えてみると、「自分がそうならなければいいんだ。反面教師として自分は人にはそういうことはやめておこう」と消化されていきます。

恨みつらみを末代までもち続けようが、言い続けようが、なんの問題解決にもなりません。そこにエネルギーを注いで幸せなのでしょうか？　そういう考えをずっともっている人が周りにいい影響を与えるでしょうか？　人が集まってくるでしょうか？　周りの悪口を言って「あの人、悪口ばっかり言ってるな、あんな昔のことをまだ言ってるな」なんて思われるほうが寂しいと思います。

コミュニケーションギャップはいろいろなところで起こります。年齢、立場、考え方、すべてが違うわけですから。

「最近の若い者は」と言う時点でコミュニケーションギャップです。若者はもうすでにそこにいるわけです。そういう人と関わって一緒に活動をしていくわけです。若い人がいるからなんて、もうすでに考えることではありません。でもそれがコミュニケーションギャップを生んでいます。

もし挨拶をしない人がいたら、自分から挨拶すればすむ問題です。それでも相手が返してこなかったら「明日また挨拶しよう」でいいんです。思うだけでいい。決めるだけです。

それでもまだ返してこなかったら？　挨拶をしない相手がそこにいるだけです。自分は気持ちよく挨拶できる人間になりたいから挨拶する。挨拶を返してくれるかどうかに焦点を合わせません。

相手が求めているものを知らずにコミュニケーションを取ろうとするから、こちらのやってほしいことをやってもらおうと思ってコミュニケーションを取ってしまうのです。

こちらの願望と向こうの願望が一致していないのに、いくらコミュニケーションを取ったって何も起きません。

ここがすごく重要な問題です。コミュニケーションギャップは一方通行であったり、思い込みであったり。「これは知っているからいいよな」「前に話しているから言わなくたってわかっているよな」なんていうことから起こるわけです。

だから**相手の願望をよく知る**ということがまず必要です。そのうえで相手の願望を叶える支援をしていく。

「わかった？」と聞いて、相手から「はい」と返ってくる。それでコミュニケーションが終わってしまったら、ギャップが生まれます。どこまでわかっているのかは、こちら側からはわからないからです。

コーチングだったら、「わかった？」と聞いて「はい」と返事が返ってきたら、「どれぐらいわかったのか、ちょっと説明してくれる？」と確認します。これならコミュニケーションギャップは生まれません。

「やってる？」と確認して、「あ、やってます」と言われたら、「ああそう、やっているんだ。どれぐらいまでやっている？　期間までに間に合う？」とフィードバックを取ります。

指示して「やった？」とか、ティーチングして「わかった？」では、イエスとしか言いようがない部下とはコミュニケーションギャップが起こります。

具体的にどうわかったのか、どこまでできているのかを必ず質問していくのです。

コミュニケーションギャップをなくすためには、日常からコミュニケーションをしっかり取っておく必要があります。

この会社は何をめざしているのか。方針は何か。自分はどういう考え方をしているのか。何を望んでいるのか。どうなりたいのか。そのコミュニケーションをつねに取れないのは、いちばんは相手の話を聞かないで判断してしまうからです。

相手が何をめざしているのか、どうなりたいのか、どんな考えをもっているのか。答えは相手の中にあるというスタンスがあれば、じつはコミュニケーションギャップというのは起きません。

コーチングのスタンス

二軍監督として横浜ベイスターズに入ったときには、ブレーンを一人も連れていきませんでした。「ファイターズで何をしたか知らないけど、セ・リーグの野球は知らないだろう」という雰囲気からのスタートでした。

それが1ヵ月のキャンプが終わったころには、「なんでうちのコーチたちはあんなに仲がいいんですか？」と選手たちから驚かれるほどに強固な信頼関係ができていました。じつは仲がよくなったのではなく、みんなが方向性を共有したからそう見えたのです。

どうしたらもっと強くなれるのか？　どうしたらもっと選手が伸びるのか？　自分たちが現役時代にはどういうコーチが欲しかったのか？　どういう環境が欲しかったのか？　わたしはコーチ陣に問い続けました。「それをつくれたら楽しそうだな」と、めざす価値が一致するように関わったのです。

相手が変わるか変わらないかに焦点は合わせません。ここが大切です。反論をしてくる人はたくさんいます。「でも……。だって……」と言うのは「わたしはやらない、やれない」と宣言しているのと同じです。

「だからこそやりがいがあるんじゃないの？」

「でも……。だって……」

「だからこそ効果的なんじゃないの？　やる価値があるんじゃないの？」

こう捉えたらいいだけです。

上司が変わった。新しい方法、方針が出た。そのときに「ああそうか、こういう新しい考え方があるんだ。それは知らなかったな。これまでの方法よりも意味があるかもしれない。何が起きるかちょっとやってみよう」と思うほうがわくわくしてきませんか？

それを選ぶのは誰でしょうか？

「会社の方針は明確でも、自分がどうなりたいか本人自身もわかっていないケースが多々あるので、会社の考えを実行する価値がよく伝わらないのです」

こんな質問も受けます。

しかし、本人に願望はあるんです。今は明確ではないだけ。幸せになりたいですか？　なりたくないですか？　お金は欲しいですか？　欲しくありませんか？　成功したいですか？　失敗したいですか？　全部願望です。

成功したい。お金が欲しい。では、お金をもらうために何か仕事をしなければならない。それが自分には大変だ。大変なことはしたくない。

つまり、労力を払いたくないと思っているだけです。では、「天から降ってきた1万円と、自分が汗水垂らした1万円だったら、どっちが自分にとって価値ある1万円ですか？　貴重な1万円になりますか？」ということに気づくような問いかけをしていくことが大事です。

願望がないわけではなく、願望を明確にしてあげるだけです。ない前提だと質問がなくなります。

あなたはどうなりたいんですか？　どういう成果・結果を出したいんですか？　その

ために、何をすればいいんですか？

　方針を実行することでどういう成果・結果が出るのか、見える化して丁寧に説明していきましょう。

「今も十分がんばっている。ただ、ほんとうに今のやり方で結果が出るのだろうか。めざすところにいけるのだろうか。がんばることは大事だけれど、それ以上に大切なのはがんばり方じゃないだろうか？　こういう方法がある。こういう成果が出る。自分がめざすのにいちばん効果的な方向性はどんなものがあるだろうか？」


　この願望を明確にし、どうやって叶えられるかを技術にしていく方法が体系化されていたのがアチーブメント社の研修でした。それまでのわたしは、自分の成果が出た方法を試行錯誤しながら指導の型にしていました。それがアチーブメント社では体系立って説明されていたのです。

　そのコアコンセプトである「選択理論心理学」には、「5つの基本的欲求」という考え方があります。

・**生存の欲求**——安全・安定、健康、生殖などの身体的な欲求
・**愛・所属の欲求**——誰かと一緒にいたい、満足な人間関係を求める欲求
・**力の欲求**——認められたい、勝ちたい、貢献したい、承認されたいという欲求
・**自由の欲求**——解放、変化、自分らしさ。自分の思うようにしたいという欲求
・**楽しみの欲求**——ユーモア、好奇心、成長。楽しみたい、学びたいという欲求

遺伝子に満たされたこれら5つの基本的欲求に動機づけられて、人はそれぞれを満たすために行動しているという概念です。

つまり、願望がない人はいないのです。

元々の遺伝子に組み込まれているとは、たとえば力の欲求がダンプカーみたいに大きな人も、おちょこみたいな人もいるということです。

「ビル・ゲイツよりお金持ちになりたい」という願望がある人もいれば、「平均年収くらい稼げたら十分」という人もいる。大きい小さいはあるので、そこに焦点を合わせる必要はまったくありません。全員がビル・ゲイツよりもお金持ちをめざさなければならないわけではありませんから。

5つの基本的欲求

生存	安全・安定	リスクは避けたい、安心した環境にいたい、変化より安定していたい
	健康	寝たい、食べたい、長生きしたい、健康を害することはしたくない、無理しない
愛・所属	愛	愛し愛されたい、人を大切にしたい、大切に扱われたい、人が好き
	所属	仲間と一緒にいたい、一人じゃなくて誰かといたい、何かに属したい、集団で何かをやることが好き
力	達成	成し遂げたい、達成したい、責任を全うしたい、結果を残したい
	承認	認められたい、評価されたい、称賛されたい、必要とされたい
	貢献	役に立ちたい、力を貸したい、貢献したい
	競争	勝ちたい、負けたくない、人より上になりたい、1位になりたい
自由	解放	束縛されたくない、人にあれこれ言われたくない、自由でいたい、型にはまりたくない
	変化	変化があってほしい、いつも一緒で決まったパターンは好きではない
	こだわり	自分のこだわりで決めたい、こだわりを追求したい、譲らない
楽しみ	ユーモア	笑わせるのが好き、ジョークを言って楽しませたい、場を盛り上げたい、笑顔でいたい
	好奇心	新しいものに興味がある、やったことのないことでもやりたくなる、追求するのが好き、新しいことにチャレンジしたい
	学習・成長	自分のできることを増やしたい、知識が増えたり、成長するのが好き、勉強が好き
	創造性	自分で創っていきたい、自分のアイデアを形にするのが好き

「もうこの会社に入れただけで十分です。出世コースからも外れてしまっているし。定年までラクして働けたらいいんですよ」

こういう人に「そんなんじゃ、この会社にいる意味がないよ」と始めてしまうわけです。

「ああそうですよね。定年まで働けたらいいんですね。この会社にいるだけでもすごい貢献できますもんね」と受け入れる。ジャッジをしない。本人があきらめてしまっているケースもあります。

「この会社にいたいっていうことは、この会社を通して何がしたいんですか？」と問いかけていきます。

ヨガのトレーニングに死の瞑想というのがあります。自分はどんな最期を迎えたいのかを自問自答するのです。

わたしはこの世を去るときに、「いやぁ、おじいちゃんはほんとうにいい人生を送ることができた。楽しかったよ、ほんとうにありがとうね」と家族に告げて看取られたいと思っています。家族も「おじいちゃん、ほんとうに幸せだったね。おじいちゃんみたいな人生を過ごしたいね」となるでしょう。

最期のそのときに「ありがとう」と言うためには、普段から「いつもありがとう」と言える自分が必要です。いつも悪口、不満、文句ばかり言っている人が「あぁ、いい人生だったね。ありがとう」なんて言えません。

「ほんとうにありがとう、いい人生だったよ」と言える自分でいたい。そこには意味も何もない。わたしが価値を見出しているだけです。

最期は必ず死が訪れる。究極のなりたい自分に対して、メンターのような存在になれるよう、今できる自分への関わりを、目の前の人にもするだけなのです。相手がどうであれ、自分はどうなりたいかだけなのです。

チームの成果を構成する要素

相手にわからせようとしない。変わるか変わらないかに焦点を合わせない。このように伝えると、必ずこんな質問が飛んできます。

「パフォーマンスの低い人間をメンバーに抱えてしまったら、チームとして目標達成するために行動を変えてもらわないと困るんです」

情報を提供することはできます。先の例で言えば「皆さん、永久雇用かと思っているかもしれませんが、今業績を出すために協力できないということであれば、早期退職を求められるような状況が起こる可能性があります」と、情報を提供する。脅し文句ではなく、事実であればこのように伝えます。

それを本人に直接言うのではなく、「今この会社はこういう状況にある。それを認識して、みんな日々の業務に取り組んでほしい」と全体に問う。

そして、「この目標を達成するために、Aさん、何かできることはないのか？　Bさん、ちょっといろいろ提案してくれるか？」「この組織として今何かできることはないのか、ちょっとみんなで一緒に考えてみよう」と発展させていきます。

そこで自己評価が起きて変わることも、変わらないこともあるでしょう。可能性はゼロではない。だから、アプローチしていきます。

わたしはよく「性格は変わらないかもしれないけれども、考え方を変えることは今すぐできます」と伝えます。「あなたがどういう姿勢で仕事をしたいのか、それはあなた自身が選べますよ」と。

「問題を起こさずに、できるだけラクをしたいんです」

「そういう考え方もあるかもしれません。でも、わたしは組織の長として目標を達成してほしいと思っているんです。チームのために、今あなたにできることはないですか？周りにアドバイスいただけることはありませんか？　この会社ってどういう状況でしょう？　この課ってどういう状況でしょう？　よりよくなるためにできることってありませんか？」

相手を変えようとせずに、協力を仰ぐことはできます。「変わらない」というのは変えようという前提があるわけです。それは答えが相手の中にあると考えてしまっているからです。こちらからできることはなくなります。

「今は変わろうとしていない。変わる必要はないと思っているだけ」と捉えたらいいわけです。

「いいんだ、今さら」と無下に断られるかもしれませんが、「では、何か気づいたことがあったら、いつでも言ってくださいね」と伝えればいいのです。

「あんな人いないほうがいいのにな。あんな人を採用した会社が悪い。大体、うちの会社は優秀な人からやめていって……」なんて思っていたら絶対に伝わります。

相手の行動が気に食わないかもしれません。組織としてダメなことをしているかもしれません。ただ、その人にイエス・ノーのジャッジ、好き・嫌いのジャッジをしてしまっているのは自分です。

仕組みがすぐれた会社であれば、たとえば既得権があって、ルーティンを回しているだけで仕事が成り立つという会社であれば、ほんとうに自分の能力を発揮したいという人は辞める可能性があります。それは社員が能力を発揮させなくてもビジネスが回るいい会社とも言えるわけです。

ただ、その環境下でも必死に働いている人はいるはずです。それは環境に焦点を合わせているか、自分がどうあるべきかに焦点を合わせているかの違いです。

その人がマネジメントする側になると、急に「相手に問題がある」という見方になってしまう。そうではなく、自分に何ができるのかに焦点を合わせるのです。

「なぜそんなことをしなければならないんですか？」

単純にそう物事を捉えたほうがラクだし、対処法がいっぱい出てくるし、人間関係がよくなるし、わくわくしてきませんか？

組織パフォーマンスを考えたときに、「ダメな人に時間を割くとほかの業務が回らない」「教えるよりも自分で成果をつくったほうが速い」「できるやつに任せたほうが効率がいい」など、いろいろな選択肢が見えてくるかもしれません。朝から晩までコミュニケーションを取る必要は全然ありませんし、限られた時間のなかでは優先順位を付けて

チームの成果を構成する要素

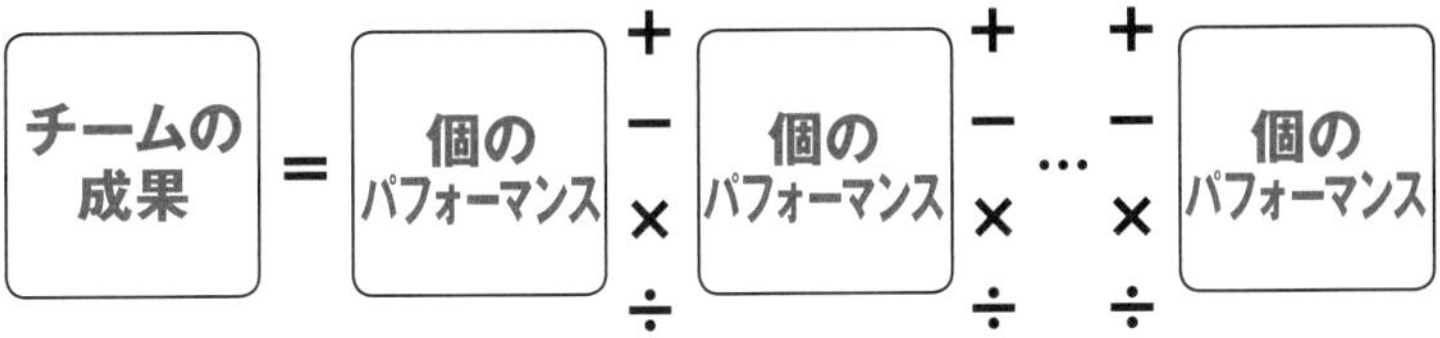

行動すべきです。

今、パフォーマンスの低い人が目の前にいたら、その人は組織パフォーマンスを割り算している人材です。

周りの足を引っ張るのは割り算。その人自身が動かないのは引き算。言われたことをきちんとするのは足し算です。自分もやるけれど周りの人がやっていないときでも「ちゃんと一緒にやろう」と関われる人はかけ算の人です。

だからわたしは「組織の中で割り算の人がいたらマイナス以上の影響をおよぼしています。せめて引き算にしましょう。引き算の人がいたら足し算にしましょう。さらに、ワンチームというのはかけ算の人たちの集まりなんです」と伝えます。

ただ、かけ算の人でも持ち点が小さければいくらかけても数字は大きくなりません。1×1×1＝1ですよね。

では、持ち点を1から2にするためにはどうすればいいのか？

それが育成です。

一方で、組織の中では往々にして持ち点の大きい、能力の高い人が割り算をしているケースもあります。自分勝手どころか、周りに自分の価値観を押し付けて「そんなことはするな！」「おれが正しい」と鼻にかけている。

割り算を引き算に、引き算を足し算に、足し算をかけ算にするのは組織づくりです。持ち点の大きい人に割り算されたら大変なので、せめて引き算にしてもらう。足し算だったらかなりのプラスです。もしかけ算になったらすごい組織になります。

では、持ち点が1しかない割り算の人がいたら？　じつは割られたってなんの影響もないわけです。だから多くの時間を注ぐかと言えば注がないけれども、その人が1から2になって、足し算になってくれたら組織としてはすごくいいわけです。割り算のときよりは全然いい。ぜひそうなれるように関わってください。

選択理論心理学

わたしは元々現場でしていたことを自己流で置き換えて、いろいろな企業でトレーニングをしていました。

そのなかでアチーブメント社との出会いがあり、伝えていることに多くの共通項を見出しました。体系化されたアチーブメント社のノウハウは、研修で伝えるときに説明しやすくもありました。そこで、基礎理論になっている選択理論心理学の概念を、わたしの研修でも積極的に使って説明するようになっていきました。

自分の感情を受け入れ、効果的に行動に結びつける

わたしはよく選手に、「感情は変えづらいけれども、自分の中に湧き上がった感情に

対して自分がどう捉え、どう行動するかといった、思考と行為はコントロールできる」と伝えています。

選択理論では、人間の行動メカニズムを全行動と説明していて、そのなかの「生理反応」と「感情」、つまり「痛い」「寒い」「熱い」とか、「それが嫌だな」と感じることは、直接コントロールできないので変えづらいと言われます。

しかし、寒さをどう受け入れて、どう捉えて（思考）、どう行動するか（行為）というのは直接コントロールできて変えやすいものです。

出てくる感情というのは、湧き上がってくるもので仕方がないものです。今その感情を横に置いて行動したほうが効果的なのか、感情のおもむくままに行動したほうが効果的なのか。横に置けたら、自分がめざすもの、未来に対して効果的な行動を取れるようになります。

物事がうまくいかないと、「くそっ、頭にくるな、ちくしょう」と、人間ならやはり思うわけです。その感情が湧いたときに、「達成したい気持ちが強いからうまくいかな

行動のメカニズム

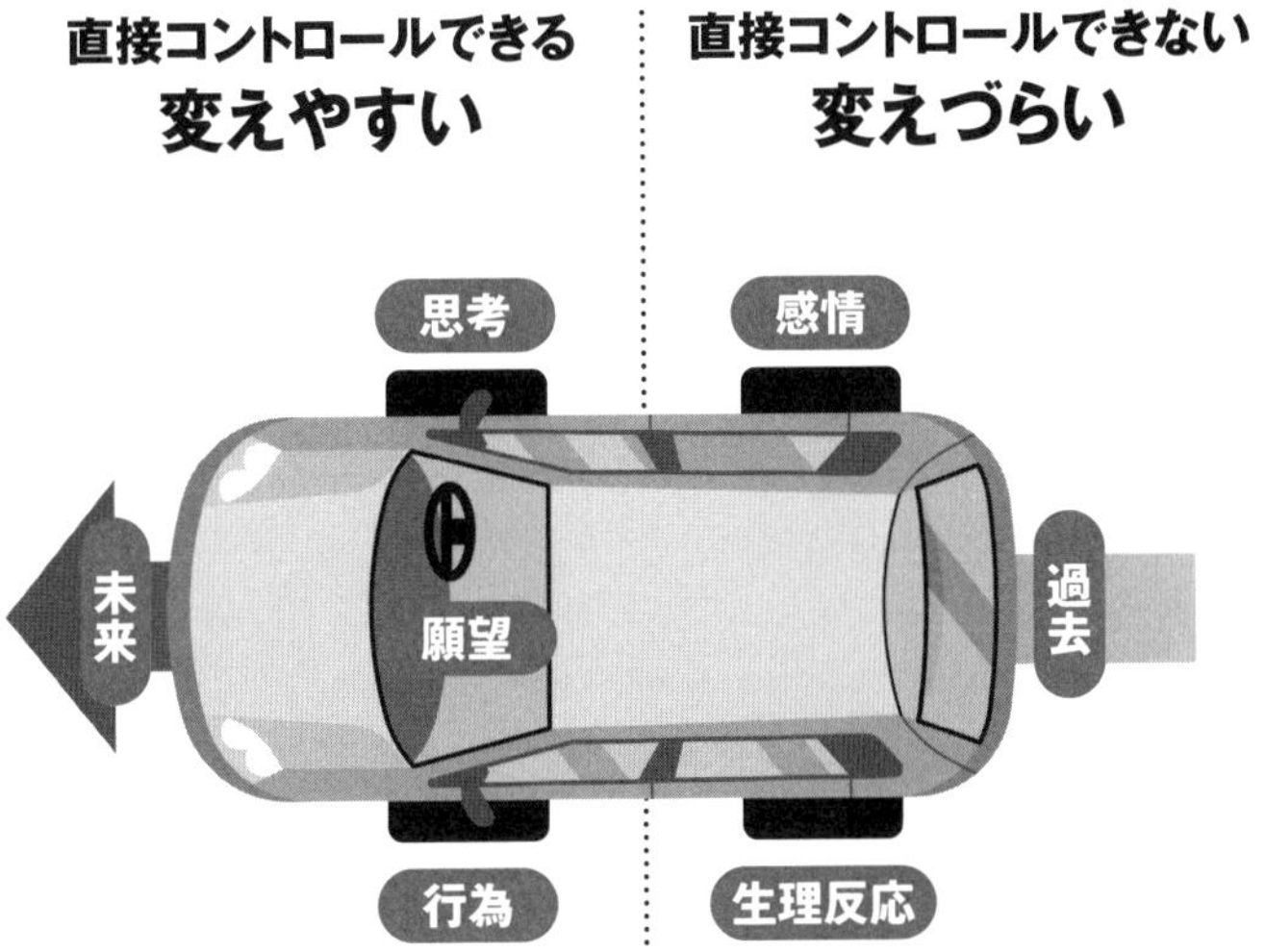

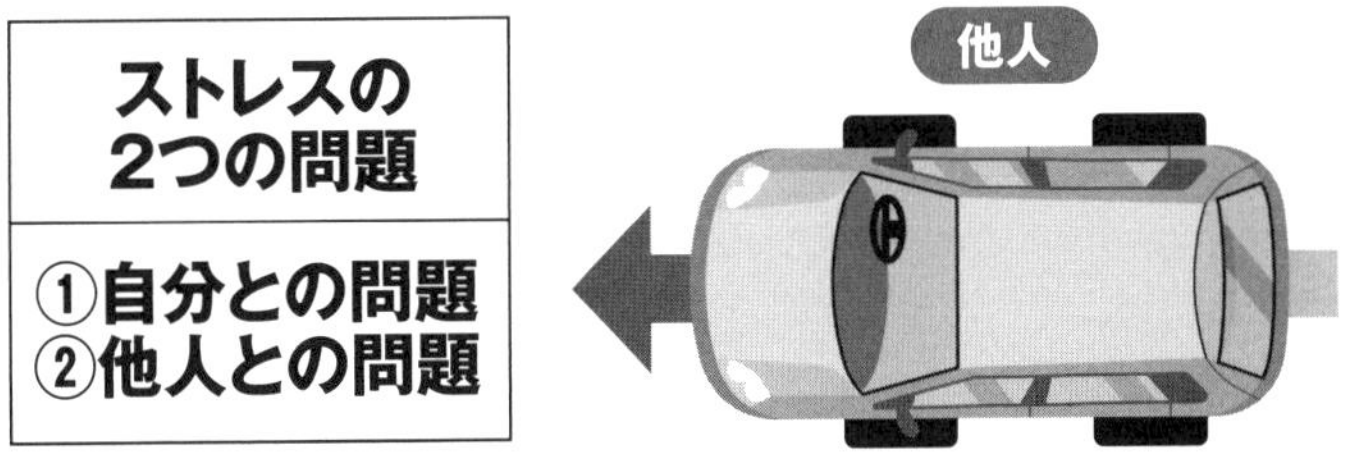

ヒント

感情・思考・過去・未来・行為
生理反応・他人・願望

いときの悔しさが大きくなってしまうんだな」「この悔しいっていう感情は成功意欲の裏返しだから決して悪いものじゃない」と、捉えることもできます。

感情的になったまま行動するのか、成功意欲の裏返しと受け入れて、次の結果を出すためにどんなプレーをするかに結びつけていくのか。どちらが効果的ですか？

自分の感情であっても、相手の感情であっても、感情はコントロールできないので受け入れるだけです。コーチングなら受容するだけです。「受け入れる」というのは「怒りがダメだから抑える」という意味ではありません。感情は抑えようとしても抑えられません。

「あ、怒っている自分がいるな」

「目の前に怒っている人がいるな」

これで終わり。むしゃくしゃしてプレーしても、何もよいことはありませんから、捨てるだけ。

重要なのは結果であり、求めるものを手にすることです。それと今湧き上がってくる感情を天びんにかけたら、どちらを重要視しますか？

「怒りを発散してはいけない」という話でもありません。物に当たって発散するという人もいるでしょう。ただし、そのアクションを起こしたからといって、必ず感情をコントロールできるわけではありません。ゴミ箱を蹴り倒してもっと感情的になってしまうような場合はおすすめしません。

体を起点にして、思考をコントロールする

思考をコントロールしようとしても、なかなか感情から抜け出せない。たとえば、頭が真っ白になってパニック状態とか、「なんで緊張しているんだろう？　成功させようという責任感の裏返しだな」なんて考える余裕がないときもあります。

そんなときは、まず先に行動をコントロールします。緊張していても、「右手を上げてください」と言われれば、誰でも上げられますよね。

緊張すると呼吸が速くなる。速くなるのであれば、深呼吸する。深呼吸すると自律神経にアプローチをして心が穏やかになっていく。すると冷静な思考ができるようになり

ます。コントロールのスイッチを入れるのが、ルーティンの動きです。

アメリカでは体やイメージをコントロールすることを直接的にやっていくのがメンタルトレーニングの主流です。たとえば、痛みが出たら、「痛いところを赤い色でイメージしてみましょう。はい、空気を吸いましょう。青い空気が入っていきました。赤いところの熱を冷ましていきます」といったイメージトレーニングをしていきます。

東洋では、こうしたスイッチの切り替えではなく、まさにもう、受け入れる。受け入れるために何をするかというと禅問答と一緒です。

「この怒りってなんで湧いてきているんだろう？　どう捉えたらいいんだろう？　この怒りというのは成功意欲や悔しさから出てくるものなんだ、決して悪いものではない。これはちゃんと受け入れてやろう」となる。

いずれにしても、浮かび上がった感情に対して、自分のコントロールを失わず、湧いてきた感情のエネルギーを効果的に使えるようになることが大切です。

価値（上質世界）

「あなたがこの目標を達成したときに得られる価値はなんですか？」

「あなたがこの物事に全力で取り組んでいくとき、得られる価値はなんですか？」

「そのことで周りに与えられる価値はなんですか？　組織に与える価値はなんですか？」

「その目標を達成したとき、あなたにとってどういう価値を生み出しますか？」


よいチームづくりにおける効果的な質問です。価値を想像していくと、わくわくしてきます。

「子どものときは、どうしてあんなにわくわくしていたんだろう？」と思うことはありませんか。恐れがない。楽しくて仕方がない。それは失敗したときのことを一切考えていないからです。

なぜ成長につれてあのわくわく感がなくなるのかというと、失敗したときに怒られる、結果が出ないときにマイナスの評価を、ペナルティを科せられるからです。

何かをやらされているという感覚になると、失敗が嫌、負けることが嫌、怒られることが嫌、嫌なことばっかりを考えてしまいます。

だから、**究極のメンタル、すばらしい精神状況というのはこのわくわく感です**。選択理論では、その人がもつわくわくするイメージ、人、物、考え方が詰まった心の世界を上質世界と言います。

なぜチームがまとまらないかと言えば、人それぞれの上質世界が異なるからです。もしチームのめざしているもの、チームで目標達成したときに得られる価値がメンバーの上質世界に共有されれば、チームはひとつになっていきます。

では、その上質世界はどうやって構築されるのか？　鍵は先にも述べた5つの基本的欲求です。人は5つの基本的欲求を満たすために、上質世界にあるものを手に入れようとします。

たとえば、40度の熱があれば「いい仕事をしよう」なんて思えません。まずは体を休めることが先決です。生存の欲求を満たそうとします。

結果を出したいというのは力の欲求です。これが強い人は、ほかの人と比べて自分の実力を誇示しようとしたり、できない人は排除しようとするかもしれません。「お前ならできるよ」と期待されると力を発揮しやすくなります。

反対に、愛・所属の欲求が強い人は、個人で成果を出すよりもチーム全体で取り組もうという雰囲気のなかでやる気になります。

また、人はやはり指示、命令、恫喝によってやらされる、コントロールされるのは嫌いですから、自由の欲求が強い人は教えたとおりに実行しないことが多々あります。

楽しみの欲求が強い選手には、同じ苦しい練習でも笑いを入れながらすることによって、主体的に取り組めるようになります。

この欲求の強弱は人によって異なります。

わくわく感こそが価値、上質世界であるとお伝えしました。どんなときでも、楽しくて仕方がない、早く試合がしたくて仕方がないという状況であったり、やりたくてわくわくしているというのが理想です。

指導者の仕事は、その状況をいかに創り出すかです。やる前から「失敗したらどうしよう」と不安になるようなことばかり探すのか、「よーし、日本一になってパレードするぞ！」とわくわくすることを探すのか。自分で全部コントロールできることです。

「こういう局面で打つために練習してきたんだ。ここで打ったら周りをあっと言わせられるぞ。よーし、絶対打つぞ。さあ、来いっ！」という姿勢で、打席に立つのか。

「もし打てなかったら、恥をかくし、みんなに迷惑がかかる。なんでこんなところでおれを使うんだよ」と思って打席に立つのか。

前者のような考えで打席に立つのも、後者のような気持ちで打席に立つのも選べるのです。どちらが打てそうですか？　どちらのほうが、結果が出そうですか？

「これから打席に立つなら、どちらの考えで、あなたは打席に立つだろう？　そうだよね。わたしの立場から考えてもそう思う。ぜひ前者の立場に立ってほしい」

こういう質問を繰り返していると、選手にもわたしが何を考えているのかが伝わります。次に同じ場面が来たとき、選手がどういう気持ちで打席に立つのかがわかります。信頼関係が築かれているので、選手も失敗を恐れずに打席に立つことができるのです。

創造性は目標に向けて発揮する

創造性を発揮するというのは、ひとつは常識に囚われないということ、もうひとつは、めざすものに対していろいろな仮説を立てていくということだと、わたしは思っています。

めざすべき結果を出すために、常識に囚われることなく、さまざまな仮説を立てて試してみる。もしうまくいかなかったら、「今回はこのやり方ではうまくいかなかった。

よーし、次はどういうやり方がいいだろう?」と考えていきます。これが創造性です。今回はうまく合わなかったという学びがあっただけでいいわけです。

行動を起こさないかぎり学びはなかったわけですから、「行動を起こしてみてよかったな」とまた捉えていく。どうやったらいちばんよい結果が出るかという発想は、常識に囚われない。努力やがんばることは不変の常識で、そのための効果的なやり方はいろいろあります。

「ウエイトトレーニングは必要だ」というときも、「ストレッチが重要だ」というときも、「コーディネーションが大事だよ」というときもあります。

もっとよいものを探したら、10年前の常識が今の常識ではなかったり、今の常識が10年後の常識ではなくなったりします。不変なものと変化するものをきちんと分けて考えることが大切です。

がんばること以上に大事なのは、がんばり方、努力の方向性です。「これだけがんばって、努力しているのに結果が出ない」。それは努力していること、がんばっていることを間違えているわけではありません。努力の方向がずれているだけです。

努力しても結果が出ないとき、人はもっとがんばろうとするのですが、一度立ち止まってやり方を見直してみる。もっと効果的な方法はないだろうかと仮説を立てる。今のやり方で結果が出るか、期限を設けて取り組むのもいいでしょう。


「プロ野球選手になりたいな」と言うだけなら夢です。「いつまでになるよ」と言った瞬間、具体的な目標に変わります。

「わたしは甲子園に出て、高校を卒業するときにドラフト会議で指名される」

「じゃあ、甲子園に出るためにどういう高校に行くの？」

「野球が強い高校です」

「そのために、今、どうやって練習したらいいと思う？」

「毎日10キロ走ろうと思っています」

「野球にはマラソンの要素はないのだけれど、10キロ走るのと30メートルのダッシュを10本全力で走るの、どちらがパフォーマンスを上げるのに効果的だろうか？」

こうなっていきます。選手もただ勝ちたい、勝ちたいと思ってプレイするのではなくて、勝つために今何ができるのかに集中します。

もし打てそうになくても、ファウルボールを増やして後ろのバッターがタイミングを取れるようにする、ピッチャーに10球投げさせてスタミナを消費させるというのも、勝利に貢献する行動です。その場でできることはあります。

第 4 章

指導者として必要なのは心構え

発信して巻き込んでいく

「どうすれば白井コーチみたいな指導者になれますか?」

この質問を受けたときにわたしは必ずこう答えます。

「あなたがそうなりたい。めざす理想の指導者になりたいと思えば、必ず近づいていきますよ」

結局、めざすところに効果的な考え方・やり方をすれば、そこに到達するわけです。

ただ、人にはそれぞれの立場があります。自分の置かれているのが、この本とは真逆のアプローチが常態化している環境かもしれません。

たとえば、3年先、5年先のチームの基礎をつくるために選手を育成するのが二軍監督の役割です。ですから、監督は、そこから逆算した方針を出せます。

では、二軍の総合コーチで方針を出せるかと言えば出せません。そのときにはどうすればいいのか？

実践する、提案する、実践する、提案するの繰り返しが、できる唯一のアプローチです。最終的な決定権は監督がもっています。決定には従わざるを得ません。そこで「監督の言うことは間違ってる。おれの言うとおりにやらないとダメだ」と、選手の前で言ったらどうなるでしょう？　わたしは内野守備走塁コーチとして、自分のテリトリーでは徹底して、提案、決定には従う、また提案するということを続けました。役割に徹すれば心は折れません。コーチと監督では全然基準が違うわけですから。

そして、二軍監督になってからは、周りの意見を吸い上げる、方向性を定める、と真逆のことをしていきました。

やり方を変えるだけでも人間関係は変わってきます。指示命令で猛練習させることをやめて、選手の願望を明確にして、選手自身がコーチのアドバイスを受けながら、自分に必要な練習を取り入れていく。それを続けていくうちに、こちらのほうがストレスもないし、心地いいし、結果も出るし、気がついたら在り方が変わっていたという人もいるでしょう。やり方から入っても、在り方から入ってもどちらでもよいと思います。

わたしはたまたまメンタルトレーニングから入って、選手が育つためには自分の在り方が何より大切だと気がつきました。在り方、スタンスが変わるかどうかは、変えようとするかどうかだけです。

たとえば、故・星野仙一さんは厳しく叱責しても、その後ろで必ず自分の意図を噛み砕いて説明するようなフォロー役を置いていました。星野さんの腹心です。星野さんは非常にマネジメントに長けていました。

わたしのスタンスは、まさしく自分がどうなりたいかです。監督時代に、コーチたちを集めて、最初に「長いあいだプロ野球の世界にいて、伸びていった選手はどういうタイプでしたか？　みんな、ちょっとアイデアを出してみてください」と2人1組から考えてもらいました。

「自分で考える力がある」「あきらめない」「目標が明確」「ちゃんとアンテナを張り巡

らせている」「言われる前に自分でやっている」という話がたくさん出てきます。

「それを一言で言うと？」とさらに問いかけると、「やる気に満ち溢れている人」「めざす自分になりたいと思っている人」「言われたことだけを『はいはい』とするのではなく、自分なりの信念をもっている人」と出てくるわけです。

「では、これまでの『指示・命令・怒る・やらせる』でやる気になりましたか？」

「全然違います」

「ではどういうときに、皆さんはやる気になりましたか？」

「ほめられたときです。うまくいかないときでも、『いや、お前は絶対できるやつだ』とずっと信じ続けてくれたときです」

「コーチの仕事というのは、役割とは、選手をやる気にさせることじゃないですか？　うまくいかないときに励ませる人じゃないですか？　うまくいって油断しているときにちゃんと締められる人じゃないですか？　もう達成したからいいやと選手が思っているときに、『お前はそんなもんじゃない。もっといける』と見せてあげられる人じゃないですか？」

こうして指導者のスタンスを示していきました。

新しい方法の価値に皆が魅力を感じて、その方向に変えていこうとなっても、瞬間的に変わるわけではありません。毎日発信し続けました。理想の指導者像を明確にして、自分の中に刻み込みながら、ミーティングをして見えるように説明していきました。すると、徐々に変化が起こってきました。

たとえば「怒るのを我慢するのはしんどい」という意見が出たら、それをテーマに話し合います。

「じゃあ、怒ったらどういうプラスがありますか？」

「いや、プラスはないですけど……」

「怒るのを我慢するストレスと、ちょっと我慢して選手が伸びていくのと、どちらが大事ですか？」

「そりゃ伸びていくのが大事ですから、我慢するぐらい平気です」

「怒って選手が伸びたとしても、それは今までのやり方と同じです。10年、20年経ったときにわれわれはどういうことを言われますか？　今までの常識を疑って、新しいことに挑戦していくといろんな批判を受けることもあります。でも、そういう批判に一切くじけずに、信念をもって続けていくところに何か新しい発見ややり方が見えてくるんじゃないですか？　われわれは野球版『プロジェクトX』をやっているんですよ。いいじゃないですか、批判ぐらい」

こうして短期的な結果を追い求めることをやめました。すぐ結果が出るんだったら、みんなその方法をやっています。成果は追います。成果が上がらないかぎり、結果は出ないからです。成果にはつねに目を向けます。

「今日は負けたけど、負け試合のなかでも収穫はあったか？　今回の試合の成果はどういうところにあっただろうか？　何を続けていったら結果につながるだろうか？」

10対0でも誰もがあきらめないで、メンタル面でも、プレー面でもやるべきことをちゃんとやっていたかどうかが成果です。１４３試合すべてに勝つことはできません。今日負けたのは事実。大事なことは、この負けをどうやったら明日の勝ちにつなげていけるかどうかです。

多くは負けたときに「お前、あれやってなかっただろ。明日、同じことをしたら、もう試合に出さないからな」なんて始めてしまいます。これは原因を追及していくだけなので次の結果が出なくなります。

「出た成果は何か？　改善すべきことは何か？」「どこがよかったんだ？　次に何をすれば勝利に結びつくんだ？」と、問題解決型の質問をしていくわけです。

問題解決型と原因追及型

原因追及すると何が起こるのでしょうか？「負けの原因はどこにあるんだ？　原因はおれにあるのか？　誰にあるんだ？」と悶々と原因を追及していく。毎日続けばつらくなってきます。組織も人も伸びません。

負けは仕方ない。この負けをどう次につなげていけるのか？　こう考えると、負けを責める必要はなくなります。「負けたことは悔しいな」と共有するだけでいいのです。

「負けたのは悔しいな。こんな思い二度としたくないよな。明日こそ勝とう」と言った瞬間、もう、気持ちが切り替わります。エネルギーが生まれます。どちらを考えるのかは自由自在に選べるのです。

ですから、結果が出ていないときこそ、指導者にとっては大きなチャンスなのです。負けたり、失敗したときに、問いかけによって問題解決に入るだけではなく、励ます。承認もしていきます。

「お前はそんなもんじゃないよ。絶対できるよ」と伝えていく。「うまくいかないときに乗り越えられるかどうかが超一流の選手になれるかどうかを分ける。そのチャンスが今、目の前にあるんだ」というアプローチです。

よいプレーをしたら「お前はやると思ったよ」というのは結果承認です。当然、指導者は結果承認もします。

しかし、「今日は結果がついてこなかったが、お前は必ずこの場面を乗り越えて成長していけるやつだ」というのは結果ではなく存在に焦点を合わせています。ここはアイメッセージです。「おれは絶対にできると、信じてるよ」と、どんな反論がきても自分のスタンスは崩さない。存在承認はうまくいかないときほど有効です。ユーメッセージはうまくいっているときしか使えません。

結果が悪いときこそチャンスなんです。結果が悪いときに伝えられるメッセージはアイメッセージだけです。結果が悪いのにすばらしいなんて言えません。「今日は結果が出なかったけれど、最後まであきらめないその姿はすばらしかったよ。チームメイトを鼓舞してくれたよ。ほんとうにありがとう。このチームの成長に必ずつながるよ」

ダメなときほどチャンスがあるという捉え方をすると、うまくいかないときほど人間関係が構築できます。いちばん重要なのは指導する側とされる側の信頼関係です。「この人のために、このチームのために、この人と一緒に……」と心が動くのは、指導する側の関わり方によるものです。

一流の指導者になるために

一流の指導者になるには、何が必要か。じつは、とても簡単なことです。いちばん学び続けている人が一流の指導者です。

何か行動を起こすと結果が出ます。結果が出たときに、「なぜ良い結果が出たんだろう？　なぜ悪い結果が出たんだろう？　さらに良い結果につなげるには何が必要なんだろう？　今回はなぜ失敗したんだろう？　次こそ成功するためには何が必要なんだろう？」と、考えれば毎回学びになります。

成功して当たり前だと思っている人は、「よくやった」で終わってしまいます。これでは、学ぶことはありません。

「この選手が今日結果を出せたのは、どういう関わりが効果的だったんだろう？　この選手に対してどういう声がけが効果的だったんだろう？　今日この選手が打てなかったときに効果的な声がけができていただろうか？　次はどういう声がけをしていけば効果的だろうか？」

結果から学べることは尽きません。

それ以外にも、研修を受けて学ぶ、本を読んで学ぶ、成功者のところに話を聞きにいって学ぶ、というのも学びです。学ぶところはいっぱいあるわけです。運動生理学についていえば、日々革新されていますから、そういうものを学ぶと、もうゴールがないわけです。

また、選手は毎日打席に立って、そこから何かを体感して学んでいるのに、わたしは打席に立てないからその学びができません。だから、選手以上にいろいろなところにアンテナを張り巡らせて、いろいろなことを学んでいかないといけません。

選手は自分のことだけ考えればいい。私たちはたくさんの選手を抱えています。あの選手には合うけれど、この選手には合わない。この選手には合うけれど、あの選手には合わない。昨日はうまくいったけど、今日はうまくいかないことすらあるわけです。学びの材料は、毎日あり、毎日は学びの連続でしかないわけです。結果を出し続けるために、学び続ける人こそ一流の指導者です。

結果ではなく成果に焦点を合わせる

これも繰り返しになってしまいますが、指導者として必要な心構えは「結果ではなく成果、相手ではなく自分に焦点を合わせる」ことです。

成果というのは、たとえば「今日腕立て伏せ10回を10セットしました」ということです。「これを1ヵ月間続けたときに、今よりも何キログラム筋肉量がアップしています」となると結果です。

でも、腕立て伏せを始めた時点では、その結果はわかりません。今日のやり方ではもしかしたら明日は結果が出ないかもしれません。でも腕立て伏せをしたという成果は上がっています。だから、成果を積み上げていけば、いずれ何がしかの結果が出るということです。

わたしはつねに、結果ではなく成果、相手ではなく自分に焦点を当てるように指導してきました。

たとえ試合に負けたとしても、「今日は負けた。負けたけれども、最後まであきらめない姿勢があった。これはすばらしい成果だ。この成果、この姿勢を持ち続けたら、いずれ必ず勝ち続けられる組織になるだろう。すばらしい結果につながるだろう」と伝えます。

反対に、試合には勝ったけれども戦い方に油断が見えたら、「結果としてはいいけれど、今日はたまたま勝てただけだ。1年終わったときのチャンピオンチームとして、今日の戦い方で、今日の姿勢でよかっただろうか？」と問いかけます。

やるべきことができたかどうか、やろうとしていた姿勢があったかどうか、そこに対して労力が払えたかどうかというのが成果です。

ここに焦点を合わせ続ければ、負けたとしても成果はちゃんと称賛できるわけです。

多くの人は、結果が良かったらほめます。結果が悪かったら叱ります。結果に焦点を合わせます。そうすると、結果が出ないと感情的になりがちです。感情的になると、今までの繰り返しになってしまう。成果に焦点を合わせれば、イライラする必要も、試合のときに油断することもなくなります。

わたしは、選手が油断しているときほどかなり厳しく接します。緊張感を走らせる。「そんなことは二度と許さない」ときつく言います。

指導者として、叱る責任があるからです。声を荒らげる、怒鳴り散らすということではなく、叱るというのは強い提案、交渉だと思っています。

「おれはこんな姿勢でプレーすることはもう二度と許さないよ」「チャンピオンチームにふさわしくない」「これでほんとうにチャンピオンになれると思うのか？　これではチームの一員ではないと言っているに等しい。どうするんだ？　明日！」と叱るわけです。怒鳴りつけるわけではありませんが、口調はとても厳しいです。

これは提案です。「やるかどうか、きみが選ぶんだ。きみはどうなりたいんだ？」と問います。相手の気持ちがゆるんでいるときにわたしがにこにこしてそう言うのと、厳しく言うのとだったら、どちらが結果を出すために効果的でしょうか？

つねに効果的かどうかに焦点を合わせて、自分の関わり方を考えます。もちろん人間ですから、気のゆるみは誰にだってあります。

「今日はちょっとしんどいな。昨日、飲みすぎて気が乗らないな」というのは、人間だから絶対にあります。

もしここで流されたら、「もう自分はお酒を飲む資格はないな。だって自分で決めたことなのに、お酒を飲むことで、こんなだらしないことになるんだったら、そもそもお酒を飲む権利はないな」となります。

そして、お酒を飲んでもしっかりと仕事をするか、仕事に支障が出るくらいのお酒は控えればいいわけです。それが学びです。

自分を律せないで成功する人は、今までいたでしょうか。たとえば、自分を律せないいオリンピックのメダリストがいたでしょうか。

「金メダルを取ります。でもトレーニングが苦しいのは嫌です、トレーニングはしません。好きなものを食べて好きなものを飲んで、不規則な生活をします。でもチャンピオンになります」なんて言っても、なれないでしょう。オリンピックをめざすなら、律するなんて呼吸をする、歯を磨くのと同じ感覚です。

メダリストをめざすわけではなくても、それは同じです。結局自分がどうなりたいかなのです。

「あなたはどういう80歳でいたいですか？」

スマートで颯爽として、おしゃれなジャケットを着こなす80歳になりたいというのだったら、健康に気を遣わなければいけません。トレーニングをして体形を維持したり、食べものにも気をつけなければいけません。

若者と一緒に並んでも、若者から「あんな80歳になりたいな」と思われるような80歳でいるためには、何より考え方がいつも若くなければいけないですよね。そういう80歳になるのがつらいと感じることなのか、「ああ、もう、わくわくするな」と思うのかだけの話です。

人はめざすところにしかいけない、めざす自分にしかなれないのです。同じところにたどり着いたとしても、偶然なるのとめざしてなったのとでは、達成感も価値も格段に違います。


なかには、自分自身がやりたいというよりは、周囲からどう思われるかなど、人との比較のなかで優位に立ちたいがための願望をもっている人もいるかもしれません。

たとえば、お金持ちになりたいと言ってお金だけを求めると、1億円を得たら、今度は10億円が欲しくなるわけです。10億円を持ったら、次は100億円が欲しくなるわけです。

そうではなく、「なんのためにそのお金が欲しいのですか?」という話です。ただ「1億円が欲しい」というだけでは、目的がありません。1億円を飲まず食わずのケチした生活で貯めたとして幸せですか?

お金を得る目的は幸せになるためです。自分も幸せになって、周りの人も、世の中も幸せになるためです。たくさん働いて、たくさん税金を納めれば社会貢献になりますし、身近な人を潤すことができるし、豊かな老後を過ごせる。もし困っている人がいても助けることもできる。だからお金が欲しい。成功したいのです。


「どうやったら白井さんみたいになれるんですか？」

「どうやったらそんな指導者になれるんですか？」

「どこで学んでいるんですか？」

こんなふうに言われることが、わたしにとっての価値です。周囲の憧れや見本になる。人に見通しをもたれる人になりたいという願望をもっています。


若い人だと、自分が見本になる、憧れになると考えるのは難しいかもしれません。たとえば自分よりも年上の部下をもっていて、相手が自分のことを、若くして出世していいなと思う一方で、この会社でこの年代でこのポジションではその人自身の未来はないと絶望感をもってしまっているかもしれません。「まだお前は若いんだからうらやましいけれども、おれには無理だ」と言い訳が出ることもあるかもしれません。

そういう場合は、「そうなんです。ほんとうにまだ経験がなくて、迷っていることがいっぱいあるんです。ぜひ○○さんの経験で何かわたしにアドバイスをいただけませんか？」「こういうところで今、悩んでいるんです。ちょっと教えていただけませんか？」と尋ねてみればいいでしょう。

「いやあ、これだけ長く働かせてもらった会社に対して最後の恩返しを何かしたい。僕の経験で活かせることがあったら、ぜひ後輩に伝えたい」と、そうやって最後まで全力を尽くしてくれるかもしれません。

あなたがわくわくするのはどちらでしょうか？　達成感を得られるのはどちらでしょうか？　あなたの背中を追っている子どもたちはどうなるでしょうか？　そういうことをイメージさせてあげられることが、見通しをもたせるということです。

ゴールに向かっていかない会話は雑談です。なんのためにコミュニケーションを取るのか、コミュニケーションのゴールはお互いにめざすところに行き着くことです。

第 5 章

考えて動く部下になる伝え方

核になるのは「自分がどうありたいか」

指導する側とされる側、コーチと選手、上司と部下、指導の場面では役割や立場があるものの、ベースは人と人とのつながりです。相手と育まれた人間関係の結果から、成果や生産性、行動量が生まれます。

ですから、当たり前のようですが、相手に対する思いやり、感謝がいちばん重要で、すべての関わり合いのベースになります。

これまでも何度もお伝えしてきたとおり、よい指導をするため、ひるがえってよい人間関係を築くためには、あなたが人や物事をどう考え、捉えているか。どういう在り方なのかが核になっているのです。

自分の性格を変えるというわけではなく、「そもそもどうなりたいのか?」という問いかけを自分自身に対してすること。そして、そうなりたいのであれば、今すぐ実践できるのです。答えはすぐそばにあります。

人は誰でも、いつからでも、どこからでも変われます。ですから、ここまでお伝えしてきた指導法は、究極を言ってしまえばトレーニングも必要ありませんし、お金も何もかからない、今決めたらできることです。

とはいえ、「白井さんならこの場面でどう関わりますか?」と疑問に思うこともあるでしょう。

そこで、最後に、受講生の方から多く寄せられる質問をまとめました。具体的な関わり方の参考にしてください。**各々のケースに共通する指導者としての在り方**に注目していただければさいわいです。

CASE 01

話が長く、内容がまったく伝わってこない

「昨日の営業どうだった？」

上司と部下によくある報連相の会話です。上司としては、部下を責めているわけではない。お客さんがどういうことを言っていたのか、現場の声を確認したうえで、よりよい営業のサポートをしたいと思っています。

そこで「お客さんが○○に困っている」といった報告をしてくれればよいのですが、部下は「A社の担当者がつかまらずアポイントが取れなくて……」と、言い訳から始まってしまう。上司は部下が何を言いたいのかが結局わからない。

こうした部下と関わるときには、**まず、「聞く」という姿勢が大事です。**「時間が許すかぎり、こちらが聞く姿勢を崩さない」ということです。できなかった理由、言い訳を並べているだけだったとしても、「それは言い訳だろ」とか「結果だけ報告してくれ」

と遮った瞬間に、コミュニケーションがストップしてしまう危険があります。

ただ、時間には制約があります。相手の話を中断せずに、コミュニケーションを途切らせずに、効果的な報連相に向かうようにするためには、「問いかけ」つまり「質問」が有効です。

たとえば、「伝えたいことはたくさんあるとは思うんだけど……」という枕詞です。まず相手を受容するわけです。

そのあとに、「もう少し端的に言ってくれる？」「要点を伝えてくれる？」、あるいは「いちばん伝えたいことは何？」と問いかけるのです。こうすれば、相手は否定されたと感じずに「あ、そうか、そうか」と納得できます。

話の長くなる相手ということがわかっていれば、「今日は元々時間がない」「ミーティングの時間は15分しか取れないから、最初に要点を伝えてほしい」と、こちらの要望を伝えることも重要です。

話の要点をできるだけ相手にまとめてもらいながら、「要点はこういうことなんだね」と確認していくと、報連相は簡潔になっていきます。

CASE 02

自発的に報連相や提案をしない

コミュニケーションギャップというのは、話が一方通行で終わってしまうことが原因で生まれます。上司が部下の伝えたいことを理解できているかどうか、それが部下に伝わっているかどうかが肝心です。

ですから、こちらの意見を一方的に伝えるのではなく、相手が伝えようとしていることに対して「ということは、こういうことなんだよね」と、こちらの理解を相手に伝えなければコミュニケーションギャップが起こります。

ところが、多くの人が逆のことをしています。答えをもっているのは上司なので、上司が先に結論を言ってしまうのです。部下が報告しよう、提案しようとしていることに、「いやいや、そういうことではなくて」と遮って助言をしてしまいます。上司はアドバイスのつもりでも、部下からすればダメ出しです。

すると、「どうせ話をしたって聞いてくれない」「何を言っても言い訳だと否定される」「どうせすべてを決めるのはあの人だし……」と、意見は出なくなってしまいます。**報連相がないのは、聞く側に問題があることが多いのです。**ですから、「傾聴、受容、問いかけ」が大事になってきます。

また、「部下が自発的に提案をしてくれない」という悩みもよく聞きます。たとえば、営業の場合だと、商品を説明するのではなくお客様の問題を解決することが重要なのに、それを考えない。取引先から「これはいらない」と言われて「あぁ、そうですか」とそのまま帰ってきたら、ただの御用聞きです。

その場合は、上司から部下に提案します。たとえば、「A社さんではこういう活用をしていただいてるみたいだね」「こんな切り口で商品説明をしたら、お客様もうまく使いこなせるようになったみたいだね」など。そして、部下にも「一度提案してみてもらえる？」と、提案や交渉の価値を伝えて、具体的な案を提供します。

もちろん、部下の発想で考えを提案してほしいという気持ちもあるでしょう。

ポイントは、「どういう提案をしたんだ？」と確認したり、「こういう提案をしろ！」と指示しないことです。「提案はしてみただろうか？」「交渉はしてみただろうか？」「どういう提案が効果的だと思うのか？」と確認していくのです。

「提案は何もしていない」という返事であれば、「そうか。ということは、まだまだできる余地があるよね。どういう提案をしたら、相手は受け入れてくれるだろうか？」と、部下に考えを求めます。

部下が新人であったり、経験が浅い場合は、案自体思いつかない場合もあるでしょう。あるいは、実現性や有効性が低い、思いつきのアイデアしか出てこないこともあるでしょう。

新人や未経験であることの良さは、そもそも成功体験も失敗体験も少ないことです。ただし、ここで注意しなければならないのが、失敗体験が多くなると、提案が少なくなってしまうことです。

それを避けるためには、新人ならではの強みを活かしてもらいます。成功体験も失敗体験も少ないのは、言い換えると、発想が凝り固まっていないという利点があります。

「新入社員としての、きみの強みってなんだろう？　経験がないからこその強みってなんだろう？」と、自らの強みを自覚してもらいます。

そのうえで、「じゃあ、経験のある社員と経験のないきみとの違いはなんだろう？　きみだからこそ考えられることってなんだろう？」と問いかけ、部下自身に考えてもらうようにするのです。

CASE 03

勝手な遅刻や欠勤が多い

多くの上司は、部下が正当な理由なく遅刻や欠勤をすると、「これではダメだ、こうしなさい」と言って、欠点の指摘と指示、命令で終わってしまいがちです。上司の基準からしたら、社会人としての基礎ができていないので当然です。

わざわざ教えるようなことではないような当たり前のことを、部下が実践できていないときにはどうしたらいいのでしょうか？

指示すれば短期的には行動を改めるかもしれません。しかし、部下本人の考え方が変わらなければ、根本的な改善には至りません。

まずは部下自身が、「寝坊することで、組織の一員としてどういう影響を周りに与えているか」という自覚をもつことが必要です。上司は、その自覚を促すための問いかけ、質問をします。

たとえば、「立場を逆にしてみましょう」と部下に問いかけてみます。

「あなたがもし、何人もの部下を抱えたポジションに就いたときに、今回のあなたのように勝手に会社を休む、遅刻をする社員が部下だったら、どういう気持ちになるだろう？　そのとき、その部下に対してどうしてほしいだろうか？」

もちろん、答えはすぐに返ってこないかもしれません。説得されていると感じて、「自分が上司だったら許せません」「改善を促します」と心から納得せずに模範解答を繰り返すかもしれません。

「いずれあなたもこの会社の中で、年齢を重ねてポジションが変わっていくことになるでしょう。今回のことを責めているわけではなくて、そういうときのことを想定して、ちょっと物事を考えてみましょうよ」

質問の角度を変えて、部下自身に考えてもらう機会をつくることが大切です。**真の改善には、自身の行動に対しての自己評価をしてもらうしかありません。**

「もう二度としないようにします」とその場でなっても、しばらくしたらまた同じことを繰り返す。
「どうしたら朝、起きられるのだろう？」「そもそも寝る時間が遅いのだろうか？」「どうやったら早く寝られるのか？」から始まって、「目覚ましは何個かけているのか？」「わたしも協力するから、何時に電話したらいいだろうか？」と提案することだってできます。

「電話までするんですか？」
こんな声が聞こえてきそうです。しかし、それで遅刻がなくなるんだったら、いいんじゃないでしょうか？　なぜ上司が部下にそういう手伝いをしてはいけないのでしょうか？　上司からの電話がプレッシャーになるようなら、「電話を頼めるような同僚はいるのか？」でもいいのです。

「組織として遅刻が大きな問題になっている。どうやったら解決できるかみんなで一緒に考えてみよう」と全員で話し合いの場をもって、「彼が遅刻しないために、きみができることは何かあるか？」とか「周りに協力してほしいことは何かあるか？」と進めていけば、自己評価も起きます。

もし、あなたがほんとうに遅刻をなくしてほしいと思っているのであれば、社長であろうが、部長であろうが、新入社員に朝電話して遅刻がなくなれば、得たいものが手に入るわけです。

もちろん、本人がセルフコントロールできるようになることがいちばんですが、相手の問題として捉えると「社会人なんだから」とか「常識がない」となります。

自分の問題として捉えたときには、遅刻という目の前で起きている現象をなくせられれば問題解決です。常識に縛られず、どこまでだってやれることを追求すべきです。

CASE 04

部下の仕事の効率が悪い

いつも始業時間ぎりぎりに出社して、業務開始となってもダラダラ仕事を始める。定時には来ているので規則で縛ることはできないが、もう少し早く来て、仕事の準備や段取りを組んでから就業してもらいたい。

こうした部下の自発的な行動を望みながら、強制はできないので頭を抱えている上司もたくさんいるようです。

もしその部下の成績が上がっていないようなら、時間を有効活用できていないということです。限られた業務時間をどう活用しているのか、改善点を見つける支援をしていきます。

「限られた時間でどう成果を出せばいいのか、時間の使い方をちょっと書き出してもらえるかな」と時間の使い方を見える化します。
それを振り返りながら、「たとえば、こういう時間の使い方はどうだろうか?」「効率よく仕事ができている○○さんとあなたの違いはどこにあるのだろう?」と質問します。成果・結果を出すことができていないという現状があることを部下に認識してもらいます。

大事なのは、「いいスタートが切れるように行動を変える!」と部下自らが宣言することです。人は宣言したら責任を背負うので、もうやらざるを得ないという状況ができます。順序としては、部下自身がコミットする、不退転の決意をもつ、そして最後にクロージング、つまり宣言してもらえる関わりをします。

ところが、多くのケースでは上司が聞きたいことを質問してしまいます。「あれはどうなってる?」「それならこうすればいいんだ」と、上司の指示命令で終わってしまいます。そうなると、部下は「やらされている」と感じてしまいます。
自分で宣言したらやらざるを得ない。最終的に、相手が自ら考え、自ら答えを出すことが質問のゴールであり、成果になります。そのためには、質問力を高めていく。相手に自己評価を促す質問をしていくのです。

大切なのは、こちらが聞きたいことばかりではなく、**自己評価を促す質問をする**ということです。相手に考えを深めてもらう質問、ゴールに対して相手が方向性を定められる質問をする、ということです。

上司は、「答えは相手の中にある。答えは相手が出す」ということを意識します。答えを上司がもっていると、誘導になってしまいます。誘導されるのは、たいていの人は嫌いですよね。誘導されて言うのが嫌だから、「じゃ、何をやってほしいんですか？」「こうしたらいいんでしょ」という含みが部下の反応として返ってきてしまいます。

効果的な質問をするためには、３つの段階を踏みます。①傾聴、②受容、③質問です。「そうなんだ」「今、そういうことが起きているんだ」と傾聴し、「きみはそう考えているんだ」と受容し、「それを解決するために、どういうことができるのかな？」と質問する。

途中で「そんなことやってたらダメだよ。もっとこうしてみなさい」と否定や指示命令が入ると相手は身構えてしまいます。「今、そういうことが起きているんだ」とイエスもノーもなく聞くことが「受容」です。

部下の話を受容したうえで、「じゃあ、それに対して、今、何ができるだろうか」「それは、いつからやるんだろうか」「それをやることで、どういうことが起きるだろうか」と問いかけます。その際には、「何かこちらで協力できることはないだろうか」というフォローも必要でしょう。

そして、「いつから、このような方法でやります」と、部下が自ら答えを導き出したら、「そうだね。すばらしいね。じゃあ、あなたに任せるね」と賛同して任せます。

経験不足などが原因で、部下の答えが上司から見ると効果的ではない、という場合もあるでしょう。そのときは、部下の気づきを促す質問をします。

ただし、このとき「考えてみよう」とオープンクエスチョンから入ってしまうと、効果的に答えにたどり着くのは難しくなります。「どうやったらいいと思う？」なんて、経験もないのに急に質問をされても、部下は戸惑ってしまうでしょう。

そういう場合は、具体例をいくつか提示して、相手に選んでもらいます。
「わたしはA、B、Cというくつかの方法があると思うんだけど、そのなかであなたはどれがいちばん効果的だと思う？　私たちは、提案はできるけれども、実際に現場でやり取りをしているのはあなただから、多分あなたがいちばんよくわかっていると思うんだ」

こうした質問の仕方は「選択質問」といいます。大きく方向性がずれることはないというメリットがある一方で、誘導にならないように注意が必要です。答えが明らかにイエスかノーしかない質問ではなく、選択肢をたくさん出して相手が選択できるようにするのです。

また、質問をオープンクエスチョンから始めないことは、会話のウォームアップにもなります。スポーツにもウォームアップがあるように、**会話のなかにもウォームアップが必要です**。質問をするときは、単刀直入に「きみはどう思う？」ではなく、相手が答えやすい質問から始めます。

たとえば、先ほどの選択質問も有効ですが、もっと簡単なのは限定質問です。「昨日は遅くまで飲んでたな。今日は何時に起きた?」から始まって、「今日どこかで打ち合わせたいけど時間取れる?」など事実を確認するような質問です。相手も考えずに「7時に起きました」とか「15時から会議なので、このあと30分なら時間が取れます」などと答えを言うことができ、会話もテンポよく進みます。

質問は、相手の気づきや考えを深める内容であると認識されていると思いますが、コミュニケーションを円滑にするという要素もあります。相手が答えやすい質問から始めて、徐々に考えを深めていく質問に変えていきましょう。

CASE 05

部下がひとつのことにこだわりすぎて、仕事に時間が掛かる

たとえば営業の仕事なら「リサーチ」と「営業活動」はワンセットですが、下調べをずっとやっていて、いつまで経っても営業活動、つまり行動を起こさない部下がいます。

こうした状況の解釈の仕方はいくつかあります。「失敗を恐れる」というのは、「成功意欲が強い」とも言えます。「とても慎重である」という捉え方をしたら、「その強みを活かすためには何をするのか」という発想を上司がもつことが大切です。

「行動を起こさない裏には何があるのか」ということを、ちゃんと上司のほうで考えて、受け入れるということです。

「あ、そうか。なんでもかんでも思いつきで行動するのではなく、じっくり考える慎重さが彼の特徴なんだ」という見方をしたら、一歩踏み出す勇気やきっかけをつくれるような関わり方をしていけばよいのです。

逆に、考えずに何事もまず行動という部下には、「思いつきで行動すると、何が起きるだろうか」と問いかけつつ、よく考えてから行動するよう促すこともあるでしょう。

思いつきで行動してたまたま成功した、というのでは再現性はありません。考えて行動すれば、たとえ失敗しても、「こういうところを改善しよう」と学びがたくさんあります。考えてから行動に移して成功した暁には「だから成功したんだ」と腑に落ちるので、次の成功も生みやすくなります。そうした気づきを促すとともに、「きみのその積極性はすばらしい」と、強みに焦点を合わせるのです。

要するに、目の前に消極性が出ていたとしても、裏には慎重さという強みがあり、積極性があるように見えても、裏には軽率さという弱みがあるのです。

「その積極性を活かすには、しっかりと準備をすることが必要だよね」、あるいは「あなたがじっくり考えたことが、ほんとうに効果的かどうかやってみないとわからない。まずは試してみよう」とか、悪いところではなく良いところに焦点を合わせて、強みを活かす行動につなげてもらうのです。

CASE 06

仕事を任せても、尻込みして動きが止まる

部下の力量を見込んで仕事を任せても、相手は不安ですべてのことを細かく確認してくるという悩みもあるようです。上司としては、責任をもってやってほしいからと権限を委譲しても、部下が精神的に依存している場合には、すぐに改善するのは難しいでしょう。

まず上司は、「なぜ、あなたに任せるのか」という理由や根拠を部下にきちんと説明することです。

「あなたとずっと上司・部下の関係で、グループ組織の一員として関わってきて、この案件に関しては、○○という理由であなたに自信をもって任せられると判断した。ぜひ、責任をもってしっかりやってみてください」

そう言って任せます。結果が悪くても責任を取るのは、任せた上司です。

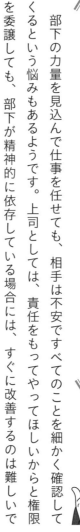

「『今回の件は責任をもってやってくれ』と任せたわたしの責任です。結果は伴わなかったけれど、責任を全うしようと仕事を進めたあなたのこんなところがすばらしかった。その思いは十分伝わってきた。また次に必要な場面がきたら、ぜひあなたにやってもらいたい。そのときもしっかり頼みます」

結果がダメだったことを責めずに「責任はこちらにあります。次も頼みましたよ」と言われたら、相手はどう思うでしょうか？　次こそは成功させよう、こういう面を改善しようと前向きなエネルギーが生まれるのではないでしょうか。

「上司からはその逆のことを言われた」という話をよく聞きます。「責任を取ってやるから、思いきりやってこい」と言われて、失敗したら、「お前な、『あのクライアントにはこう対応しろ』って言ったのに、やってなかっただろう？　お前やったか？　やってなかっただろう？　だからうまくいかなかったんだよ」とくどくど始まる。

部下からすれば任されたから自分の判断で行動したのに、失敗したら間違いを指摘される。上司からしたら注意深く任せたのに、アドバイスを無視して自分の判断で行動している。

これでは次に「責任取ってやるから、思いきってやってこい」と上司から言われても、部下は「どうせこの人は責任を取ってくれないから」と思うでしょう。

前者のように、失敗したときに、「いやいや、それは任せたわたしの責任だ。次、また頼んだよ」と言われたら、次へのエネルギーになります。

それを何回か繰り返すと、信頼関係が築かれます。**信頼というのは、あらゆる方法を試しながら、時間を掛けて構築していくものです。**一度や二度の関わり、成功体験では築かれません。**大事なのは信頼関係。ここに焦点を合わせていくと、部下も徐々に上司依存がなくなっていきます。**

目先の結果に追われて、一喜一憂する対応を繰り返していると信頼は損なわれていきます。「自分は一所懸命やっているよ。指示どおりに動いたのに、なぜ自分が悪いの？なぜあの人は偉そうにしてばっかりなの？」と、上司への不信が募り、「あなただって、何もしてないじゃないか！」という考えになっていったら、組織自体が機能しなくなります。

CASE 07

部署間で対立があり、連携がうまく取れない

部署横断型のプロジェクトでは、会社全体にとってはよいことだけれど、各部署の利害が一致しない。部署間の利益が相反することは、よく起こります。皆がそれぞれがんばっている状態でも、スポットで見ると成果が上がっていないように感じることがあります。

ピッチングコーチが「なんだ、こんな守備だったら、ゴロも打たせられないじゃないか」と言えば、バッティングコーチが「何点取ったら勝てるんだよ。しっかり抑えろよ、ピッチャーは」と言い合うようなチームをどう思いますか？

相手に焦点を合わせると、こうしたことが起こります。**自分が今、その組織で与えられた役割のなかで何ができるのかに焦点を合わせる**のです。

たとえば、「ごめん、ピッチャーには迷惑かけるね。ここのところエラーが多いけど、

必ず改善するから」と自分たちの改善すべき点はしっかりと伝えて反省する。

もしピッチャー陣がフォアボールばかり出していて、改善してもらいたかったら、**批判せずに提案や交渉をします**。

「おれたちが全部アウトにできることはないかもしれないけど、チームとして一所懸命守備の練習をしている。おれたちのことを信頼して、もっと攻めてほしいんだ」

一般企業なら主力商品がずっと売れ続けることはなく、衰退期は必ず訪れます。「新商品をつくろう」と社長の肝入りで開発部門がテコ入れされた。苦心の末に製品が完成したものの、営業部は「主力商品のほうが売りやすいから」と、なかなか営業が進まない。こういうとき、開発部はどうアプローチしたらいいでしょうか?

「開発と営業の両方で販促アイデアを出し合ってみよう」と、自分たちも営業のアイデアを出してみる。そして「営業部から出た話に開発部のほうで協力できることはなんだろう?」と考えていく。こうしてチームの一体感が出てきます。

相手ではなく、自分たちができることに焦点を合わせて関わることで、部署間の対立はなくなり、チームとしてまとまっていきます。

CASE 08

職場の人間関係が悪い

バックオフィスは営業部のミスをフォローしなければならない場面が日常茶飯事です。やはり人間ですから、どうしても感情的になってミスをした相手に怒ってしまい、関係性が悪くなることがあります。

あるいは、ミスをしたほうが「失敗はつきものだから、そんなクレームはお前らのほうで処理しておいてくれよ」とか、「顧客フォローがお前らの仕事だから、やって当たり前だよ」というスタンスで接していると、良い関係は築けません。

信頼関係をなくすいちばんの原因は、自分が至らないときに謝れないことです。「申し訳ない」「お願いします」「ありがとう」「助かった」は、信頼関係をつくる基本です。「今後こういうことがないように気をつけます。今回は力になってほしい」とお願いして、フォローしてもらったら「ありがとうございます。助かりました」と感謝する。

仕事をしていくうえで、ミスは必ず起こります。起きてしまったことは事実ですから、その事実に対してどうアプローチしていくか、その方向性が重要になります。どうしたらマイナスがプラスに転じるか、そこに焦点を合わせてコミュニケーションを積み重ねていくのです。

同時に、同じようなミスを繰り返さないよう、ミスの原因を分析して、対策することも必要です。これを繰り返していくと、空気はいずれよくなるでしょう。

「これを言えば、一気に人間関係がよくなる」という魔法の杖はありません。この本の事例も含めて、「相手とどのように関わるか」の検討材料はたくさんあります。そのなかからあなたが感じたことをよく考えて使ってください。

CASE 09

仕事の期限を守らない

「明日までに、これを仕上げてください」

仕事の依頼をすると、毎回期限ぎりぎりに上げてくる。しかも不備が多いので、修正していると結局期限を過ぎてしまう。こうした事例について考えてみましょう。

そもそも、そういう人に任せてしまうことが問題なのですが、「期限を守らないことを何度も繰り返している人に、毎回同じアプローチで、毎回同じ結果になるのであれば、任せている側に問題がある」と捉えるほうが解決に向かいます。アプローチも変わってくるでしょう。

「相手は昨日『今日中に出します』と言っていたけれど、結局今回も期限ぎりぎりに提出してきた。しかも、こんなにも不備があるのは、やはり時間が足りなかったのだろうか？　足りなかったとしたら、次はどれくらいの時間を与えたらできるのだろうか？

もし、時間が足りていたとしたら、ほかにどんなできなかった理由があるのだろうか？期限内に不備なく仕事を仕上げてもらうために、具体的に自分ができることは何か？」

こう考えると、任せた側にもできることがどんどん増えていきます。

急な依頼をすると部下に嫌な顔をされる、という悩みもありますね。そうした場合は、上司と部下のあいだでそもそも信頼関係が築かれていないと考えるほうがよいでしょう。いつも急な依頼ばかりしている人であれば、相手が嫌な顔をするのは当然で、相手の反応をコントロールすることは不可能です。

「急な依頼に嫌な顔を見せる部下に対して何ができるのか？　なぜ、そういう関係性ができているのか？　こちらが改善できる点はなんなのか？」

こうした点に焦点を合わせて、上司として関係性を良くするために、自分にできることで問題解決していこうというスタンスを示せば、信頼関係は徐々に醸成されるでしょう。

CASE 10

効果的な会議ができない

「自分からアイデアを出さずに、ただ座っているだけの人がいる」
「ほかの人の提案に対して、批判しかしない人がいる」
「自分はできるだけ労力を払わないよう、保身を優先して話を進めようとする」
組織内の会議は、悩みの尽きない部分でもあります。

アイデアが出なければ、先に説明したとおり、全員参加型にして提案してもらうことで解決に結びつきます。

「2人1組で話をしてほしい。次に、同じテーブル内の人たちで話をしてほしい。最後にテーブルで出た意見をみんなで挙げてほしい。発表していこう」

そして「今、全員からこうした意見が出たんだけど、どれから実行していくのが、いちばん有効だと思う?」と進めます。

そもそも会議をする目的を考えてみましょう。

「組織だから、何かを始めたあとから『そもそもこう思っていたんだ』『事前にこう言ってもらえたらよかった』というのでは統制が取れない。みんなが決まったことに全力で取り組めるよう、忌憚のない意見を聞かせてほしい。そして、決まったことに対しては、全力でやってもらいたい」

そのために会議をしているわけです。

「今はこの方法でやるんだけど、何か意見はありますか?」「いや、こちらの方法でやりましょう」と議論して、決まれば、「よし、みんな協力してほしい」という流れで進めるのが、会議の本来の在り方です。

会議で決めたことが、状況によって急に変更になったとしても、なぜ変わったのか、なぜこちらが重要になったのか、共有することは必要です。「変わったからこうしてくれ」と言うだけでは、相手も腑に落ちないでしょう。

CASE 11

上司や先輩への態度と、同僚や部下に対する態度が違う

組織の中には、上司や先輩の前では従順に振る舞っていて、後輩と仕事をするときには横柄な態度で評判もよくない。そうした裏表のある人もいるかもしれません。

上司が気づいた場合にできることはあるでしょうか。本人に「お前、後輩には偉そうにしているな」とか「陰ではおれの悪口を言ってるらしいな」なんて言っても意味はありません。

かといって、相手を容認するということでもありません。実際に部下が嫌な思いをしているわけですから、見て見ぬふりをする、ということではないのです。

「あ、こういう人がいるんだ。けれども組織として改善していく必要があるな。では、改善するためには何が必要なのか」ということを考えます。

その組織の成長・成功にとって何が必要なのかに焦点を合わせることで、関わり方が

見えてきます。

「何かやりづらいっていう話をちょっと聞いたんだけど。言いたいことがあったら、ちゃんと言ってほしい」

「わたしはきみを信頼していたんだけど。わたしのことをよく思っていないというのはわたしも心外だし、残念に思う。そんな思いで仕事をしてほしくない」

「この会社における役割ってなんだろうか？　どういう責任を背負っているのだろうか？　どういう関わりをすることで、若い人たちがもっと積極的に活動できるだろうか？」と問いかけます。どれも相手の自己評価を促していく問いかけです。

また、嫌な思いをした後輩には、「ちょっと聞いたんだけど、○○くんのことで、何か不愉快な思いをしているらしいね。でも、そんな思いはさせたくないから、言いたいことがあったら、言ってほしいんだ」とフォローします。

ここまで、職場のトラブルについて事例を交えながら、上司としての考え方や行動を紹介してきました。紹介したコーチングのスキルを使った関わり方で、人間関係をよくすることもできます。

また、逆に言うと、相手の成長・成功を自分の成功にできたり、相手の喜びを自分の喜びにできたり、相手の可能性を相手以上に信じることができたら、コーチングのスキルは自然と身につきます。

何かあったときに、自分がどうありたいのかを考える。つまり、腹が立つ、感情的になることがあったとしても、「めざすものに対して効果的なのかどうか？」という判断をしていけばいいわけです。

もうしんどいからサボりたい。しんどいけどがんばる。どちらが自分らしいですか？　どちらがめざす自分ですか？

なりたい自分になろうと思うだけで、めざす自分になろうと思うだけで、「あ、こちらのほうが重要だな」と先に続く行動を自覚することができます。

あとはもう、ゴールをちゃんと見ながら、ゴールに向かって今日の一歩を積み重ねるだけです。ゴールを見ずに一歩を踏み出すと方向性がずれてしまうので、つねにゴールからの逆算を意識します。

するとか、めざすところに行くための効果的な取り組みを考え、実行することになります。めざした瞬間に、ゴールに行ける可能性が高くなります。

「信頼される上司になる」とゴールを決めても、毎日部下に対してガミガミ責めて怒って攻撃していたら無理でしょうし、「考えて動く部下に育てる」と決めたのに、指示命令ばかりしていたら、いつまでも考えて動く部下にならないでしょう。

「どうやったら相手が考えてくれるか」ということを、まず上司が考える。「どうやったら自ら動くようになってくれるか」をこちらが考えるのです。その過程で、間違った考えは正せばいいし、もっといい考えがあったら学べばいいのです。

「考え方って、自分勝手に今すぐ変えられるもんな」

「ああ、怒ったときって、こうやってやればいいんだ」

「問いかけってそうやってやればいいんだ。ああ、そうか。自分はいつも、問題・原因追及をしていたんだ」

「問題解決に焦点を合わせたらいいんだ。過去に向かっても意味がなくて、未来に向かって何ができるかを発想していけばいいんだ」

「ああ、部下の行動をジャッジしなければいいんだ。ただ受け入れればいいんだ」

学び、よいと思ったのであれば、それを取り入れていきましょう。自分がどうありたいかを自分自身に問いかける。これは難しいことでもなんでもなく、スキルのひとつです。「あ、やろう」と思ったらすぐにできることですよね。その一つひとつの成果の積み重ねが、結果につながります。

「こうしたら、100メートル走で世界新記録をつくれます」という即効性の高い方法がないのと同じです。でも12秒で走れる人が11・5秒で走ることはできるわけです。しかし、それにはものすごい努力と時間が必要です。

すぐに成果は上がりません。でも、タイムを縮めるために何ができるのかを考えて、効果的な方法に一つひとつ取り組んでいったら、いずれ11・5秒にはなるわけです。

人間関係も一緒で、積み重ね上げたものが信頼関係になっていくわけです。一足飛びに信頼関係なんてできません。

ただ、少なくとも、今の一歩、今日の信頼関係を築けば、いずれ強固な信頼関係はつくれます。

おわりに

「パワハラどころか、丁寧に何度もやさしく教えています。でも、簡単なことでもおぼえられないし、願望を聞いてもあいまいな答えしか返ってきません」

ここまで読み進めてこられて、釈然としない気持ちで頭を抱えている指導者もいらっしゃるでしょう。

言い方がやさしいかどうか、聞いてあげているかどうかは問題ではありません。指導者の役割はあくまでも、部下がゴールに到達できるようにすることです。そのために、今までの指示・命令・恫喝の指導では、何人かしかゴールにはたどりつけないわけです。本書で提案してきた関わり方のほうが多くの人がゴールに到達できる可能性が高いということなのです。

では、この方法で全員がゴールに至るかといえば、それはわかりません。最終的には本人の選択だからです。指示命令のほうが育つ人もいるし、最高の環境を整えても育たない人もいます。

サッカーのライセンスは世界基準です。「子どもにサッカーを教える今日のゴールはなんですか？」と質問されたときに、「またサッカースクールに来たいと言って帰ってくれること」という答えが出てきます。

野球界ではいまだに「しっかり投げろ、しっかり取れ、もうやめてしまえ」なんて言います。そんなことを言っていては、子どもは育ちません。

これは野球の指導者が問題なのではなく、やり方を知らないだけなのです。指導者はちゃんとしたやり方を学ぶ必要があります。

しかし、もっと大切なことは在り方です。指導者は選手たちに願望を聞かせてもらっているんです。そしてその願望をどうやったら達成できるのかまで関わるのが指導者の役割です。

何回言っても伝わらないのは相手に問題があると捉えているからです。おそらく願望も「聞いてあげている」だけなんでしょう。やさしく伝えて終わり、願望を聞いてあげて終わりではないのです。

なぜ、あなたは指導しているんですか？
あなたの指導者としてのゴールはなんですか？

勝つというのは手段です。勝つためにいろんな努力をする。勝つためにいろんなことをやる。けれども、勝つことはゴールではありません。勝つために無茶をさせて、怪我をしたり、燃え尽きたり、選手の将来がなくなるのは指導者のゴールではありません。勝つために、勝った喜びを伝えてあげる。負ける悔しさを伝えてあげる。もっと先がある。そのために今、何ができるのかを考えて、関わるのが指導者です。

「人を育てるのは大変だ……」と、難しくしているのは指導者自身です。一流の指導者になるために、トレーニングしなければできないことは何ひとつありません。今すぐ捉え方や考え方を変えればいいだけです。

考え方の習慣が言葉の習慣になって、言葉の習慣が行動の習慣になっていく。だから意識したら全部できます。お金は一切かからない。


みんなできない理由、やらない理由を探します。でも、できないことはひとつもないのです。意識したらできるんです。考え方、捉え方の問題だからです。

目の前で起きたことを肯定的に捉える。それを言葉に表していく。行動に表していく。コーチに限らず、成功された方はみんなもっている習慣です。特別なことでもなんでもないのです。


そのほうがわくわくするし、結果が出るし、そういう自分でいたいから、実践していて大変でもなんでもないのです。

極論、物事を肯定的に捉える習慣ができていたら、本書で述べてきたことを学ぶ必要は全然ありません。学ばなくてもできている人もたくさんいます。

でも、できていないから学ぼうとするわけです。でも学ぶ場所を間違えたらとんでもないことにもなってしまうし、学び方を間違えたら大変なことになります。学ぶことは大事だけれども、学び方、学ぶ方向性というのはとても重要です。

だから今、本書を出版していただいたアチーブメント株式会社さんと組んでプロ野球界の指導者にも本書で伝えてきた学びの場を提供する、プロコーチを育成する研修ができないか模索中です。

ファイターズで二軍監督をしていたときはメンタル、コーチング、運動生理学、運動力学など、外部の専門家を呼んで勉強会を開いていました。なぜなら、選手の成長の前に自分たちの成長があるという考え方だったからです。

いまだにそうしたコネクションは球界の中につくられていません。現場コーチは勉強のしようがないから、なかなか浸透していきません。

自分への関わり方、人への関わり方、子どもへの関わり方、選手への関わり方、部下への関わり方、全部同じです。

自分への関わり方が人への関わり方になります。自分にどういう投げかけをするかが、人にどういう問いかけをするのかになります。自分の悪い結果に対しての受け入れ方が、結果が出ない相手に対しての受け入れ方になります。

失敗したときに「だからおれなんかダメなんだ」「どうせお前なんか無理だよ」なんて自分に言い続けたら、病気になります。

でも「いやぁ、悔しいな。でも今回はほんとうに一所懸命やったんだ。次がんばろう」なんて関わってくれる指導者は、残念ながら少数です。

いないからこそ、周りがなんと言おうが、自分自身に一流の指導者としての関わりをしてあげる。そうしたら、自分に対する関わりを目の前の人にしていくだけで、その人もめざしているところに行けるでしょう。

だから、自分を育成できていない人が部下を育成することはできません。自分伸ばしが人伸ばし。自分の活かし方が人の活かし方なのです。

成功者は早くここに気づいています。デール・カーネギーもナポレオン・ヒルも選択理論もアチーブメントテクノロジーも本質はすべて一緒です。

究極はスキルじゃなく、在り方なのです。同じことを言って響くかどうかは、どう言ったかではなく、誰が言ったかが重要です。自分育ての先に、人育ての道が通じているのです。

本書は現役時代から痛めていたひざの古傷を治す手術後の病室で書き進めました。出版のきっかけをつくってくださったアチーブメントグループの青木仁志社長、重富雅晴さんに厚く御礼申し上げて、筆を擱かせていただきます。

2020年4月

白井一幸

［著者プロフィール］ **白井一幸** しらい・かずゆき
元北海道日本ハムファイターズ ヘッドコーチ

1983年に日本ハムファイターズにドラフト1位で入団し、プロ野球選手として13年活躍。選手引退後に1997年より日本ハムファイターズの球団職員となり、ニューヨーク・ヤンキースでのコーチ研修を経て、2000年に2軍総合コーチに就任。以来、2軍監督やヘッドコーチなどを歴任するなかで、従来型の選手指導方法を一新。コーチングを取り入れた選手指導で次々と優秀な若手選手が輩出し、リーグ優勝3回、日本一2回を達成。2008年より講演・セミナーなどの講師活動を開始し、現在は研修講師としても活動している。圧倒的な実績と実践的な理論に裏打ちされた説得力のある研修は「わかりやすく実践的」と多くの企業から好評を博している。著書に『メンタル・コーチング』（PHP研究所）、『北海道日本ハムファイターズ流 一流の組織であり続ける3つの原則』（小社）などがある。

答えは相手の中にある

2020年（令和2年）6月7日 第1刷発行

著者 白井一幸
発行者 青木仁志
発行所 アチーブメント株式会社
〒135-0063 東京都江東区有明3-7-18 有明セントラルタワー19F
TEL 03-6858-0311(代)／FAX 03-6858-3781
https://achievement.co.jp
発売所 アチーブメント出版株式会社
〒141-0031 東京都品川区西五反田2-19-2 荒久ビル4F
TEL 03-5719-5503／FAX 03-5719-5513
http://www.achibook.co.jp
[twitter] @achibook
[Instagram] achievementpublishing
[facebook] http://www.facebook.com/achibook
装丁 大場君人
本文デザイン 華本達哉（aozora.tv）
イラスト 熊アート
校正 株式会社ぷれす
印刷・製本 株式会社光邦

ISBN 978-4-86643-069-0